大久保コリアンタウンの人たち

朴 正義

国書刊行会

はじめに

最近、単純労働者として日本へ渡って来る外国人が急増しているが、そのほとんどは「出稼ぎ」を目的とし、一定の金を得た後は帰国している。これに対し、韓国から渡って来る人たちは、祖国へ仕送りすることなく日本で投資を繰り返し企業を拡張するなど、他の外国人とは異なる「定着社会」を作り上げている。彼らの社会は、「出稼ぎ社会」から、永住権を取るなど「移民社会」へと確実に移行していると言える。さらに、世界的趨勢として多文化社会に移行していくしかない日本において、彼らは将来日本国籍を取得し韓国系日本人として「少数民族社会」を形成していくのか。これを見極めるため、彼らの象徴とも言える大久保コリアンタウンにおいて、二〇一二年十二月から二〇一三年二月にかけアンケート調査とインタビューを行い、本書を書き上げた。

この大久保コリアンタウンとは、コロニーとしてのタウンではなく、韓国関連の物品を販売する店や韓国食堂などの商店街を意味する。この所在地は、東京都新宿区大久保一・二丁目に百人町一・二丁目を合わせたもので、具体的には、大久保通りと職安通り、そして、この二つの通りをつなぐ路地で形成される。この地域は、過去において夜、女性が独り歩きができない犯罪の街として知られていたが、コリアタウンの形成とともに多くの人が訪れ街は活性化し、現在は異文化体験の観光名所として賑わっている。そして、ここは、多文化社会を目指す日本にとって、格好のモデルケースとも言えるだろう。

今回のアンケート調査・インタビューの対象は、この大久保コリアンタウンで店または会社を経営している者に限定した。即ち、大久保コリアンタウンを作り上げた人たちである。経営者を唯一の対象としたのは、「少数民族社会」を築く可能性が高いと考えられたためである。彼らの事業体が日本にあるためこれから先も日本に暮らし続けるしかなく、将来事業を拡張するには日本国籍を取得したほうが有利だからである。さらに、彼らの二世たちは既に日本人化が始まっていることから、結果的に、彼らは日本社会の一員となり、これから先も日本に住み続けるしかないであろう。

アンケート調査人数は四十九人、またインタビューを受け掲載に同意してくれた方は十七人であった。資料として少ないように思われるが、大久保のコリアンタウンには韓国関連の店舗が三〇〇以上あるとはいえ、一人がいくつもの店舗や会社を経営しており、実際の経営者は一〇〇人にも満たない。従って、今回の四十九件のアンケート調査と十七人のインタビューは、十分に大久保の経営者たちを代弁できる数値と言える。第1部はアンケート調査結果とインタビューをもとにした論考、第2部はインタビューをまとめたものである。

アンケート調査とインタビュー内容は、彼らが苦労していかに成功したかではなく、これからも日本で暮らし将来的に日本国籍を取得し少数民族化していくかに注目した。

二〇一四年九月

著者

目次

第１部　大久保コリアンタウンとニューカマー

1　ニューカマーの街、大久保コリアンタウン

過去において、「在日外国人」と言えば、現在オールドカマーと呼ばれている在日コリアンか、少数の在日中国人を意味した。このオールドカマーとは元々戦前から日本に住み過去には日本国籍を有していた者であったが、一九五一年のサンフランシスコ平和条約調印（一九五二年発効）によって日本の主権が回復されると同時に一方的に日本国籍を剝奪された者と、その子孫たちである。その後、オールドカマーの国籍は朝鮮籍と中国（中華民国）籍に変更された。そして、一九六五年の日韓国交正常化によって韓国籍、一九七二年の日中国交正常化によって中国（中華民国）籍は中国（中華人民共和国）籍に変更が可能になり、二〇一二年から台湾籍も許可されるようになった。ただし、朝鮮籍は日本と北朝鮮の間に国交が成立していないため、単に地域名を示しているに過ぎず、現在も無国籍者扱いである。一般的に朝鮮籍保持者は北朝鮮支持者と考えられがちであるが、南北の政府を拒否する者、また統一願望のもとに国籍変更を拒否する者もあり、一概に北朝鮮支持者とは言いがたい。現在のオールドカマーの永住資格は、一九九一年十一月一日に施行された「日本国との平和条約に基づき日本の国籍を離脱した者等の出入国管理に関する特例法」により定められた「特別永住権」である。

このオールドカマーに対し、日本が戦後の高度経済成長期を終え、先進国に仲間入りした一九八〇年以降、日本へ渡ってきた人たちをニューカマーと呼んでいる。このニューカマー激増によって、一九八〇年にはまだ八〇万人にも満たなかった在日外国人数は、二〇一一年の法務省の統計では約二〇〇万人を越えた。そして、このニューカマーの数がオールドカマーの減少とあいまって在日外国人全体の八〇%に迫るにいたり、現在では在日外国人と言えばこのニューカマーを示している。ただし、「在日コリアン」に限っては、ニューカマーの人口は現在約十六万人で、オールドカマーの約三十九万人よりまだ少ない[1]。しかし、毎年、一万人から一万五〇〇〇人のオールドカマーが日本へ帰化し、さらに、オールドカマーの結婚相手の九割が日本人で、その子供たちのほとんどが日本国籍を選択する傾向にあり[2]、在日コリアンにおけるオールドカマーの数は減少する一方である。これに反し、ニューカマーの数は今も激増し続けており、一〇年以内に両者の数は確実に逆転するとも言われている。即ち、在日コリアンもニューカマーの時代となると言われている。

中でも大久保コリアンタウンが属する新宿区は、ニューカマーの増加が顕著である。新宿区の外国人の数は二〇一〇年の統計（新宿区新宿自治創造研究所編『研究所レポート二〇一〇　外国人WG報告（一）』『研究所レポート二〇一一　外国人WG報告（二）（三）』）で三五二一一人と新宿区人口全体の十一・一%を占め、在日外国人が占める全国平均割合一・七%を大きく上回っている。さらに、一九八〇年度統計の全国〇・七%、新宿区一・八%という数値と比較すれば、新宿区における在日外国人の数が激増していることがよく理解できるであろう。この増加した在日外国人のほとんどが、ニューカマーである。

	1980年代 留学自由化 以前	1980年代 留学自由化 以降	1989年 海外自由化 以降	2002年 ワールドカップ 以降
人数	1人	8人	27人	13人
%	2.1 %	16.3 %	55.1 %	26.5 %

調査結果1「日本にいつ来ましたか」（回答人数49人）

在日コリアンに限って言えば、新宿区に居住する数は在日外国人全体の四〇%以上の一四三三二人で、その中の九〇%以上がニューカマーコリアンである。さらに、コリアンタウンの属する大久保の地域に限って見れば、新宿区に居住する在日コリアンのうちの二十六・二%（五四九五人）がここに居住している。これに、居住地として隣接する若松町一四四三人、柏木町一八二三人まで含めると、新宿区の在日コリアン全体の六〇%以上が大久保地域に密集していることになる。このほとんどがやはりニューカマーである。また、外国人登録されない短期語学研修生や短期駐在員などの短期滞在者、さらに旅行者まで加えると、大久保コリアンタウンは、完全にニューカマーの街と化し、韓国から来る人たちの拠点ともなっている。そこには、オールドカマーの姿は見い出せない。

ならば大久保のニューカマーたちは、いつ日本に渡ってきたのか。韓国では留学自由化が一九八〇年の初めに実施、一九八七年には四十五歳以上の海外旅行が自由化、一九八八年のソウルオリンピックを経て一九八九年には海外旅行が完全に自由化された。この韓国の海外旅行自由化政策にともない、韓国から日本へのニューカマーが激増した。**アンケート調査結果1**によれば、大久保のニューカマーの八〇%以上が、海外旅

	留学	仕事	家族同居	韓国嫌い	日本好き	その他*
人数	29	11	4	0	2	3
%	59.2 %	22.4 %	8.2 %	0.0 %	4.1 %	6.1 %

調査結果２「日本に来た動機は何ですか」（回答人数49人）
＊＝その他：日本人との結婚　２人　駐在員　１人

行自由化政策にともない日本へやって来たことがわかる。さらに、すでに大久保のコリアンタウンが形成されていた二〇〇二年ワールドカップを契機として、多くのニューカマーがここに定着するようになった。

日本へ来た動機は、**アンケート調査結果2**で見られるように、六〇%近くが留学を目的としている。

インタビュー（第２部参照。以下「インタビュー」とある場合、すべて第２部に収録したものを指す）においても、

金熙錫《キムヒソク》氏：慰問公演を終え一旦は韓国に帰国したのですが、どうしても日本で音楽の勉強がしたく、再来日したわけです。

金根熙《キムグンヒ》氏：初めて日本に来たとき、偶然池明観《ジミョンクワン》先生の存在を知り、日本で勉強したいと思うようになりました。

李義炯《イウィヒョン》氏：日本へ来て勉強したくて。（略）除隊した後、すぐに日本に来ました。まず、早稲田大学に入り、六年間通いました。

など留学目的が圧倒的に多かった。また、インタビューを通して留学の次

に多かったのが、李忠基《イチュンキ》氏のように「日本で働けば金になると思いました。それで、大学を卒業をしても韓国で就職をせず、日本に来ました」と、「ジャパン・ドリーム」を夢見てきた者たちであった。しかし、日本では就労ビザを取るのは困難なため、形式的にはすべて就学ビザを取り、彼らも留学生から日本生活を始めている。このように大久保の経営者たちのほとんどが留学目的で訪日し、そのまま日本に定着したケースである。しかし、その多くは最初から日本への留学を希望していたわけではない。

アメリカは、在米韓人数が約二〇〇万人に達しているように韓国国外最大の韓人居住国で、韓国では伝統的に「アメリカン・ドリーム」を夢見てアメリカへの移民者が多い。大久保のニューカマーも、最初にアメリカ留学を考えていた人が多かった。ならば、なぜ日本へ来たのか、インタビューで、

晋永燮《チンヨンソプ》氏：アメリカへ行こうと申請書を出しました。ところがそこで、「日本では勉強しながら金を稼ぐことができるから一度行ってみたらどうだ」と勧められました。

金在虎《キムジェホ》氏：元々アメリカに行きたかったんですが、アメリカへ行くには費用がかかり過ぎるので、経済的に無理だと思っていました。

高《コ》卿勲《ギョンフン》氏：アメリカは経費がかかりすぎます。それに反し、日本はアルバイトをしながら勉強ができると知り、日本に来ました。

と語るように、アルバイトができ経済的に自活できるというのが、日本へ来た大きな理由であった。しかし、彼らの共通点として、韓国でも十分に暮らせるにも関わらず日本へ来たことがあげられる。そこには経済的難民の性格はなく、チャレンジ精神を持ち自分の力を試すべく日本へ渡ってきたことがうかがえる。「とにかく外の世界に出たかった」という動機でたまたま日本へ来た者もいた。一見特異な動機のように感じられるかもしれないが、韓国では海外旅行自由化以後、このような動機で多くの若者が世界に飛び出していった。

二〇一三年九月三〇日に発表された韓国在外同胞財団の統計によると、二〇一一年の時点で世界一七五ヶ国に七二六万人の韓民族が在住している。韓国の移民の歴史は、一九一二年十二月二十二日に一二〇人余りの朝鮮人が、アメリカのハワイへ移り住むため済物浦《ジェムルポ》（現在の仁川）の港に集まったことから始まった。その後日本による合併で国を失ったのを契機として、陸続きの満州や宗主国日本へ多くの経済的難民が移住したが、その移住先は限られていた。むしろ、戦後になって多くの韓国人が世界に飛び出していったと言える。さらに、韓国が経済発展を遂げた現在も、というより、世界に対する知識を持った現在こそ、海外への移住が増加している。

他の民族と比較しても、人口が急速に増えている中国人は世界の一三〇ヶ国余り、古代から世界を渡り歩いているユダヤ人は一〇〇ヶ国余り、一七五ヶ国に進出している韓民族は現在最も広範囲に生活領域を広げ世界各地で活動している民族と言えるであろう。北朝鮮を含めた人口を基準としても、韓民族の海外居住率は一〇％に達する。この数値は、世界平均の三％を大きく上回るものである。

彼らは、韓国が嫌で逃げ出した者でもなく、韓国では食えないからという経済的難民でもない。韓国の、特に若者はチャレンジ精神を持ち、自己の可能性を追求すべく、今、世界各地に新天地を求めて飛び出している。その中で新天地として日本を目指した者たちが、結果として今日の大久保コリアンタウンを作り上げたと言える。

このチャレンジ精神は、出版社を経営している金承福《キムスンボク》氏のインタビューからも端的にうかがい知ることができる。

韓国において海外旅行の自由化が一九八八年に始まったんですが、当時、海外留学もブームでした。私は、ソウル芸術大学に通っていたんですが、先輩たちは自由化の前からすでに留学する人が多かったです。そんな環境だったせいか、「韓国だけがすべてではない」という考えが、十九、二〇歳のときからあったんですね。それで、私も海外に出て他の世界を見たいと思いました。（略）それで「近い国ならいいね」と言って、日本へ来ました。ですから、日本というより、外の世界を見たくて来たんです。

このように、大久保のニューカマーが日本に渡ってきた動機は、他の国からのニューカマーのように、単純労働で金を稼いで国に帰るという「出稼ぎ」目的ではない。たとえ、その目的が「ジャパン・ドリーム」であっても、その夢は大きく、単純労働者で終わることはないだろう。

しかし、最初から日本での定着を目的として来たのではない。「最初から、日本に定着する予定で日本に来られましたか」というインタビューでの質問に対する答えは、金熙錫氏：いや、それはないですよ。私だけではなく、皆そうだと思いますよ。金だけではなく、目標としていたものが達成されれば、韓国に戻るつもりだったでしょう。

李《イ》承珉《スンミン》氏：大学院を卒業後帰国しようとも思いましたが、それより日本で自分のやりたいことをやったほうが、確実に自分の夢が果たせると思いました。

とあるように、最初から日本に定着しようと思っていなかったが、結果として、企業経営、韓国文化の伝道など多種多様な理由で日本に定着するようになったと言える。共通しているのが、彼らの活動の場が日本であったということである。そして、インタビューで、

金熙錫氏：金だけ儲けたら国に帰るんだという考えで店を経営するのではなく、ここで働かせてもらっているのだから、自分の利益だけを追求するのではなく、地域の発展も一緒に考えて働くようになりました。

申尚潤《シンサンユン》氏：日本での韓国文化の発信地を目指しています。ここを通して、マスコミに流れている韓流だけでなく、韓国文化をいろいろな角度から発信し、韓国文化を総合的に日本人に理解してもらいたいと思っています。

金根熙氏：過去の傷に触れ、さらには傷口に塩を塗るような悪趣味な人が大勢いて困ります。これを乗り越えるためにはどうすればいいか、その方法を考え実践することが私のライフワークとなりました。（略）韓国生活文化を日本人に紹介することによって、韓国をより正確に日本人に理解してもらい、韓日友情の輪を広げていくのが目的です。

と語るように、日本に住む意義をそれぞれが積極的に探し求めている。日本社会の一員として、地域社会の発展に貢献し、日本における多文化社会の形成に力を尽くし、韓国と日本との架け橋となるのが自分たちへ課された任務である、と認識している。まさに、日本において多文化社会の模範生と言えるだろう。

ここで、ニューカマーたちの将来の日本での定着形態を推測する上で考慮しなければならないのが、オールドカマーとニューカマーとの関係である。植民地支配の結果として戦前から日本に住み着いたオールドカマーと、戦後特に一九八〇年以降自分の意志で日本に来たニューカマー、ともに在日コリアンと呼ばれているが両者は異なる歴史を持つ。日本を拒否し外国人として差別の中で暮らしているうちに同化、帰化し日本の歴史から消えさろうとしているオールドカマー、自ら好んで日本に定着し民族性を保ちながらも日本社会に暮らしているニューカマー。両者には同じ民族の血が流れているが、日本における定着の意味も自ずと異なるはずである。

ここでの問題が、ニューカマーがオールドカマーが歩んできた道を継承していくのかどうかである。

これを見極めることは、ニューカマーの将来の定着形態を予測するのに必要不可欠である。

2　オールドカマーの歴史を継承しない「大久保コリアン」

オールドカマー一世の意識には、実際に帰国するか否かは別として、「統一すれば帰る」が今も前提としてある。民族教育も、元々祖国への帰国を前提として始められたものである。そして、在日の二大組織である在日本大韓民国民団（旧称：在日本大韓民国居留民団、以後、民団と略す）・在日本朝鮮人総連合会（以後、総連と略す）は、ともに本国志向型の組織で本国との繋がりからしか在日を捉えきれなかった。

総連は、「海外公民」として祖国の建設に在日を駆り立てることにだけに熱中した。その代表的なものが、「北朝鮮への帰還運動」「北朝鮮への送金」である。[3] それに反し、日本での在日への差別撤廃・権利獲得闘争には消極的であったというより、むしろ同化に繋がる闘争として反対の立場を取っていた。[4] 彼らの指導は「日本の地で祖国建設に励み、統一したあかつきには皆で祖国に帰国する」に終始した。

民団は今も、綱領に「大韓民国の国是を遵守する在日韓国国民として大韓民国の憲法と法律を遵守します」と明記しており、また民団加入者へは韓国国防の義務を明定している。さらに、総連に負けず本国への送金も盛んに行ってきた[5]。初期には、韓国大使館をはじめ、韓国政府の日本での主要公館のほとんどがオールドカマーの寄付で賄われた。そこには、「日本の発展に貢献する」という意識は少なく、民団もやはり「祖国の発展に貢献する」で、オールドカマーを指導する理論は総連とまったく同じであった。

さらに、在日の二大組織は激しいイデオロギー闘争に終始し、オールドカマーに日本定着への理論を提供することなく、そして「将来に渡っての日本定住」という考えはタブー視してきた。つまり、オールドカマーにとって日本は仮の居場所でしかなかった。

しかし、現在のオールドカマーの主役は一世から祖国を知らない二・三世さらに四・五世へと移行しており、大多数のオールドカマーは韓国語がしゃべれず[6]、故国（祖国を知らないオールドカマーにとってそれは故国でしかない）の文化に違和感を抱き、唯一故国との繫がりは国籍が韓国・朝鮮であるという事実だけである。さらに、故国訪問または本国人との接触は、彼らの「韓国人・朝鮮人である」というアイデンティティを否定し続けた。帰属（国籍）だけが韓国・朝鮮で、彼らのアイデンティティはすでに日本にあるといっても過言ではないだろう。

これからも故国へ帰ることはなく日本に住み続けるにも関わらず、日本人になること（日本国籍取得）を拒否し続ける屈折したオールドカマーの意識に対し、首都大学東京特任教授の鄭大均氏は『在日韓国人の終焉』（文春新書、二〇〇一年）を書き上げ、日本人化したオールドカマー三・四・五世が現在も外国人として暮らす意味を改めて問い、国籍取得によって日本人になることを勧めている。確かに、方向性としては正しいであろう。しかし、彼らが帰化した後は、完全に同化した日本人が残るだけで、

	思う	わからない	思わない
人数	44	5	0
%	90.0 %	10.0 %	0.0 %

調査結果３「在日韓国人＊を同胞と思いますか」（回答人数49人）
＊＝オールドカマーを意味する。

そこには韓国系日本人は存在しない。そして、彼らの歴史までも奪ってしまう結果になるだろう。

このようなオールドカマーにニューカマーが同胞意識を感じ、彼らも同じく日本を拒否したまま同化していく歴史を継承するのかどうか、これが、ニューカマーの将来を考える上で大きな手がかりとなるであろう。

まず、ニューカマーはオールドカマーをどのように考えているのか。**アンケート調査結果３**で見られるように、韓国人が血統（民族）を重視することから来るものであろうが、九〇％の回答者がオールドカマーを同胞と認識している。

また、**アンケート調査結果４**で見られるように、「在日韓国人は日本社会で差別を受けていると思いますか」との質問に対し七〇％以上が「思う」と回答し、さらに**アンケート調査結果５**（複数回答）で見られるように、「在日韓国人をどう思いますか」という問いに対し半数以上が「差別の中でたくましく生きている」、三〇％が「民族心、愛国心を持っている」と回答し、オールドカマーに対し一定の評価を下している。

しかし、同じく**アンケート調査結果５**「在日韓国人をどう思いますか」の質問に対し、三〇％以上の回答者は、オールドカマーを「実質的に日本

	思う	わからない	思わない
人数	35	4	10
%	71.4 %	8.2 %	20.4 %

調査結果4「在日韓国人*は日本社会で差別を受けていると思いますか」（回答人数49人）
＊＝オールドカマーを意味する。

人と同じだ」と思い、十四％が「日本人より付き合いにくい」と思っているなど、オールドカマーに対し生活文化的な違いを感じている。

さらに、「オールドカマーをどう思うか」という質問に対して、インタビューで金根熙氏は、昔から在日コリアンの代表的集落と言われている大阪府の鶴橋も日本人の集落でしかなく、そこに韓国を見い出すことができなかった、と語ってくれた。そして、このような状況にならざるを得ない理由として、金《キム》鐘《ジョン》来《レ》氏は、祖国と繋がっているニューカマーに対し、オールドカマーは祖国韓国と断絶して久しく、たとえ国籍は韓国であってもそこには民族性は探し出せず、日本人として暮らしていくしかない、と語ってくれた。さらに、李忠基氏の、「彼らは貧困と差別の中で育ったので、その反発からむしろ私たちより民族意識は強いかもしれませんが、言葉が話せないからそれは空回りするだけです」という言葉が、このオールドカマーの現在の心情を、端的に述べていると言えるだろう。また、呉《オ》世《セ》粉《ブン》氏の「若い在日（オールドカマー）の人には、自分たちは韓国人でもなく、日本人でもない、という悩みがありますね」というインタビューの内容が、オールドカマーの本質をついていた。

日本を拒否するしかない歴史を背負いながら同化してしまったオールドカマーに対し、インタビューをしたニューカマーの多くは一定の理解

<table>
<tr><td></td><td>差別の中でたくましく生きている</td><td>民族心、愛国心を持っている</td><td>民族心、愛国心を持っていない</td><td colspan="2">日本人より贅沢な暮らしをしている</td></tr>
<tr><td>人数</td><td>26</td><td>15</td><td>0</td><td colspan="2">1</td></tr>
<tr><td>%</td><td>53.1 %</td><td>30.6 %</td><td>0.0 %</td><td colspan="2">2.0 %</td></tr>
<tr><td></td><td>実質的に日本人と同じだ</td><td>金はあるが、文化的に欠けている</td><td>日本人より道徳的に欠けている</td><td>日本人より付き合いにくい</td><td>その他</td></tr>
<tr><td>人数</td><td>15</td><td>16</td><td>5</td><td>7</td><td>2</td></tr>
<tr><td>%</td><td>30.6 %</td><td>32.7 %</td><td>10.2 %</td><td>14.3 %</td><td>4.1 %</td></tr>
</table>

調査結果5「在日韓国人*をどう思いますか」
（複数回答可　回答人数49人） ＊＝オールドカマーを意味する。

を示し同情し同胞意識を感じているが、すでに日本人化しているオールドカマーに違和感を覚え、オールドカマーの時代と異なる現在において自分たちはオールドカマーのような道は歩まない、と語っていた。

さらに、オールドカマーとの接触があるのかを調べるため、「日本に定着するとき、誰が助けてくれましたか」（複数回答）という質問を行った。これに対し、**アンケート調査結果6**で見られるように、日本人約四十三％、韓国人（ニューカマーを含む）五十三％に比べ、在日韓国人（オールドカマー）と答えたのは十六％にすぎなかった。それもほとんどが、親戚関係で、また比較的日本に早く来た人たちであった。ニューカマーの初期は、ニューカマーのコミュニティが形成されておらず、日本での定着が難しく、親戚を頼るしかなかった時期でもあった。

しかし、一九八〇年後半の韓国での海外旅行・留学自由化以後に来たニューカマーは、オールドカマーとの関わりで定着した人は少なく、この傾向は新しいニューカ

	日本人	在日韓国人*1	韓国人*2	その他
人数	21	8	26	3
%	42.9 %	16.3 %	53.1 %	6.1 %

調査結果6「日本に定着するとき、誰が助けてくれましたか」（複数回答可　回答人数49人）

＊1＝オールドカマーを意味する。　＊2＝ニューカマーと本国人を意味する。

マーほど顕著に現れていた。また、ニューカマーが少ない時期に日本に来た金熙錫氏（一九八〇年来日）や趙玉済《チョオクジェ》氏（一九八五年来日）、呉世粉氏（一九八六年来日）からも、オールドカマーと事業関係以外での交流は聞かれなかった。即ち、ニューカマーの多くはオールドカマーとの接触はあまりなく、オールドカマーを知らないと言える。先ほど述べた、「在日韓国人は日本社会で差別を受けている」とか「差別の中でたくましく生きている」というニューカマーが持つオールドカマーに対する認識は、直に接することによって感じたことではなく、日本に来る以前から持っていた間接的知識から来るものであろう。特に、今回の対象である大久保のコリアンは、韓国人であることが利点である地域に住む人たちであり、日本人からの差別をあまり感じていない人たちである。

　このように、ニューカマーと日本人の間で形成されていた。さらに、大久保を管轄する新宿区民団事務所を訪ねて行っても、「(ニューカマーとの) 形式的な交流はあっても、実質的な人的交流はあまりない」とのことであった。そして、事務所のオールドカマーも、ニューカマーを自分たちとは異なる人たちと認識していた。(7) ニューカマーは、オールドカマーに対して同胞意識は感じても、歴史観、生活習慣、考え方の違いから連帯意識は感じておらず、日本においてオールドカマーとは別の道を歩むしかないと考えている。そして、その具体的な現れが、オールドカマーが組織する民団とは別に、「在日本韓国人連合会」（以降、韓人会と略称）を組織し⑻、オールドカマーとは一線を画していることである。

韓人会結成当時を振り返って初代・二代目の会長金熙錫氏がインタビューで、

一九八六年以降の海外旅行自由化によって、ニューカマーが日本へも民族の大移動のように大量に押し寄せました。現在、十八万人以上います。実質的には、ニューカマーの人口は民団員より多いです。ニューカマーは日本に定着する過程で、どうしても日本社会とのトラブルが起きます。これを本国が解決してくれるわけでもなく、自分たちの権益を自分たち自らが守るしかありませんでした。このためには、どうしても独自の組織が必要でした。（略）韓人会は、民団とは別の道を歩むべきです。民団は先輩の組織なんですが、あまりにも理念的な組織です。過去には、総連との壮絶なイデオロギー闘争があったので仕方がなかったのかもしれませんが、…（略）オールドカマーには韓国と日本との歴史問題があって、つまりは日本の植民地政策の結果として日本に定着したのであって、今も日本とは厚い壁があるんですね。これに対し、私たちニューカマーは、自ら好んで日本に来ました。過去の歴史よりは、未来志向で、今そしてこれからも自分たちさらに子供たちが、日本にどのように定着していくかが問題です。

と語るように、オールドカマーとニューカマーが抱える問題が異なり、歩んできた歴史・日本に対する考え方の違いから別の組織を作り、結果としてお互い別々の道を歩まなければならないと認識していた。また、韓人会の三・四代目の会長趙玉済氏も、すでに日本人化したオールドカマーとは情緒的に合わず、一緒に活動できないとして韓人会を結成した、と語ってくれた。もちろん、韓人会の結成に反対した人もいる。過去に民団の新宿区団長にもなったニューカマーもおり、今も民団で活動している金根煕氏のようなニューカマーもいるが、彼らはニューカマーにおいては少数派であり、大久保の経営者たちのほとんどが、韓人会に積極的に参加している。

しかし、金煕錫氏がさらに民団と韓人会の関係を「これは民団と対立する組織ではありません。そのため、民団とは友好関係を保つ努力をしています。ですから、新年会など民団関係者を招待しています」と述べているように、決して民団と対立する考えはなかった。また、民団から韓人会への必要経費の援助もある。このように、互いに同じ血が流れる同胞組織と認識し、できることなら協力していきたいとも考えていた。

また、韓人会のメンバーたちはインタビューで口をそろえて、将来的に民団とは一緒になるべきで、また、そうすることによって力を発揮することができると語ってくれた。といっても、今すぐ統合するのではなく、あくまでも将来の話である。趙玉済氏は「民団は、今、後継者がいないという問題を抱えていますが」という質問に対し、こう答えている。

韓人会がこれからしなければならないことでもあります。民団という巨大組職を受け継ぐのは、誰かということになりますが、これは、本国から来た人たちです。なぜ本国から来た人かと言えば、韓国のアイデンティティを持ち、韓国語ができ、日本語もでき、十分韓国人として日本で暮らしていけるのがニューカマーだからです。これから、先輩たちが守り通して来た民団という組職を、受け継いでいかなければなりません。

これは、民族性を失ったオールドカマーの代わりに自分たちがゆくゆくは民団を受け継いでいくしかないと言っているようにも誤解される発言である。民団を命をかけて守ってきたオールドカマーにとっては耐えがたい発言であるかもしれないが、現実的に流れとしてそうなる以外に民団組織を残す術はないだろう。

ニューカマーは、オールドカマーに対する同胞意識を感じ対立意識はないが、差別と貧困の中でその反発から日本を否定してきたオールドカマーの歴史を継承する必要はなく、独自の新しい在日の道を歩むであろう、と思われた。ならば、その道とは何を意味しているのか。即ち、日本での定着形態、日本での「少数民族社会」の形成である。これは、日本国籍取得に関わる問題である。

3　日本国籍取得を拒否する「大久保コリアン」

過去にオールドカマーには、日本社会との共存より対立を選び、日本国取得を拒否し続け、在日社会の中に「帰化＝同化→民族の裏切り者」という公式を作りあげてきた歴史がある。

まず、オールドカマーの帰化手続きから考えてみることにする。帰化要件をアメリカと比較した表に、次のページのようなものがある[9]。

帰化手続きは、アメリカと比較しても、一見そう難しくもないように思える。しかし、詳しく見ると多くの問題点を含んでいる。まず、表にある「素行が善良であることの履歴」に対して実際は証憑書類を要求しており、しかもそれに対するはっきりとした基準はない。たとえば、駐車違反もその対象となり、申請は却下される。「個人としても、または集団のメンバーとしても、日本国憲法もしくは政府を転覆させようとしたことがない」は、たとえば過去に総連や民団組織に加盟していたことも審査対象となる。また、過去の激しい就職差別のため定職に付くことができず零細自営業や日雇いが多かった在日は、「経済的自立性」を証明するのが困難でもあった。さらに、法務省官僚が手続き過程において振ることのできる実質的な裁量権は絶大で、帰化手続きをより不透明で恣意的なものにしてきた[10]。この「不透明で恣意的」には同化というものが隠されている。この帰化過程における同化の強要が[11]、在日が帰化を拒否したもっとも大きな理由であった。多くの帰化者は、その過程において同化が強要され、民族の誇りが傷つけられてきた。植民地政策の結果として日本に居残り、差別と貧困の中で、唯一民族の誇りだけを糧に生きてきたオールドカマーは、同化を意味する帰化を拒否するしかなかったと言えるだろう。特に、本名で帰化が許されなかったことは、完全な同化を求めるものであった。この日本語名への変更強要は、日本人化した帰化二世から完全に民族性を消し去るものである。そこに残るのは、単な

日本	アメリカ
・５年間の継続した居住 ・素行が善良であることの履歴 ・個人としても、または集団のメンバーとしても、日本国憲法もしくは政府を転覆させようとしたことがない ・現在の国籍からの離脱の意思あり、もしくは無国籍者であること ・経済的自立性 ・少なくとも20歳であること	・５年間の継続した居住（永住者として） ・善良であること ・憲法への愛着（忠誠の誓い） ・英語および市民としての知識

る日本人だけである。

姜尚中氏が、

よく日本国籍を取得するとコリアン系日本人だという人がいますが、それはまったく虚構です。積極的に日本国籍を取得し、民族名を名乗る人であればそう言えますが、多くの帰化者はコリアン系日本人ではありません。そこにはコリアンの痕跡は残っておらず、これはもう完全な日本人です。だからこそ日本は国籍取得を奨励しているわけです⑫。

と述べているように、オールドカマーは帰化すれば、韓国系日本人として日本社会の一員になるのではなく、単なる日本人として日本社会の中に埋もれてしまうだけである。帰化は、日本社会において少数民族社会の形成を阻止するだけでなく、日本の歴史の恥部とも言える在日への差別の歴史を消し去ろうとするものでもある。

日本において、古代には「隼人」「蝦夷」、近現代は「琉球」「アイヌ」と、実際には少数民族が存在し続けてきたにも関わらず、それに対する歴史的認識はない。過去の植民地政策の結果として日本に暮らし続けているオールドカマーは、今も外国人として暮らしているのであって、少数民族と認識されたことはない[13]。そして、帰化した者は何々系日本人として受け入れられるのではなく、同化し完全なる日本人になることが要求されてきた。すでに述べたように、帰化するに当たって日本語名への変更もその一つである。

現在は本名で帰化する道は開けており[14]、それを強要する条項はないが、まだ強い変更勧告があり、帰化申請者にとってそれは強制とも言えるものである。これは韓国人だけに言えるものではなく、帰化した歴代の大相撲力士がすべて日本語名で帰化していることを見ても理解できるだろう。ソフトバンクの孫正義氏などは極めて少ない例と言える。名前からして日本語名を要求する帰化政策である。日本語名に変更すれば、姜尚中氏が言うように帰化二世の時代には韓民族であった痕跡は残らない。

このような傾向を憂慮し、あるニューカマーは、「日本で日本国籍を持って日本人として暮らすようになると心配になるのが、韓国語を忘れ韓国のアイデンティティをなくしてしまうことです。もし帰化して子供たちが日本の学校に入っていって完全に日本人化してしまえば、日本人なのか韓国人なのか、韓国人として見るのは難しいです。そうなれば、韓国系という意味がなくなります。日本では韓国人の数が相対的に少なく、分散して住んでいるので、帰化した者たちが韓国社会を形成することは難しいです。日本社会に埋もれてしまうだけです。私は、日本に住んでいるので、地域や日本へ貢献しなければならないと思っています。しかし、どこまでも韓国人として日本で暮らしていきたいです」と、帰化に対し率直な心情を語ってくれた。

アンケート調査結果7「将来、日本国籍取得を希望しますか」を見ると、九〇%近くがはっきりと日本国籍取得を拒絶している。**アンケート調査結果13**（四十八ページ）「日本国籍取得を希望しない理由を答えてください」の質問で、「いつかは帰国するつもり」と答えた者（八人）を除き、これからも日本で暮らし続けようと思っている者（四十一人）だけを見ても、四十一人中三十五人、八十五％にも達する。さらに、回答者の中で五人が日本人と結婚していたが、唯一仕事の関係上帰化するしかなかった者一人を除けば、四人が日本国籍取得を拒否している。

インタビューに応じてくれた全員は「これからも日本に住み続ける」と答え、日本での定着を希望していた。しかし、彼らは、決して「永久に」日本に住み続けるとは言わなかった。遠い将来に対しては、すべて未知数であった。「いつかは韓国へ帰る」「韓国・日本にとらわれない。どこに住むかわからない。アメリカかもしれないし、アフリカかもしれない」などの多くの意見があった。しかし、「事業体が日本にある以上、結局は、将来も日本に住み続けるであろう」というのが、大部分の考えであった。そして、帰国を前提としている者も、永住権を取る準備を進めていた。

さらに、彼らが積極的に参加している韓人会の目的と方針に「地域社会の発展と融和」「日本の法律を守り、日本人とともに地域社会に貢献する」とあるように、「我々は、大韓民国の国是具現を期する」から始まっている民団の綱領と比べ、日本での暮らしに重点が置かれ将来に渡っての日本での定着が考慮されていることは明らかである。また、日本滞在期間が長ければ長いほど日本の生活に慣れ、韓国での生活の基盤が薄れ、さらにニューカマー二世の大部分が日本生まれであることを考慮すれば、金熙錫氏が、

	はい	わからない	いいえ
人数	3（すでに取得２人）	3	43
%	6.1 %	6.1 %	87.8 %

調査結果７「将来、日本国籍取得を希望しますか」（回答人数49人）

私も、日本滞在が長くなるにつれて、日本の正月が正月らしく、旧正月（韓国では、正月を旧正月のときに祝う）には何も感じられません。秋夕も同じです。日本の風習に慣れてしまったんですね。子供は、特にそうでしょう。

と語ったように、すでに日本生活に慣れ「将来に渡って日本に住み続ける」がニューカマーたちの本心であろう。

これは、将来的に「移住民」として日本に定着することを意味する。ここで問題は、「外国人」として生き続けるのか、それとも、日本国籍を取得し韓国系日本人として生きるかである。日本に定着するということは、「日本人との共生」を前提とした「日本社会の一員」になることを意味する。そして、この「日本社会の一員」とは、本国と一緒に未来を切り開くのではなく、日本と一緒に未来を切り開くことを意味するはずである。しかも、オールドカマーのような歴史的問題は存在せず、「将来に渡って日本に住み続ける」と日本を受け入れている状況において、主体的に日本の将来にかかわっていかねばならないであろう。ここに「外国人として住み続ける」という選択肢はないはずである。にも関わらず、国籍問題となると一変して日本を拒否する立場を取った。

	賛成	わからない	反対
人数	11	24	14
%	22.4％	49.0％	28.6％

調査結果８「子供が将来、日本国籍を取ろうとしたとき、どうしますか」（回答人数49人）

しかし、アンケート調査の結果、ニューカマー一世たちは自己の国籍取得を拒否しているのに反し、「将来子供たちの日本国籍取得」に対しては柔軟な姿勢を示していることがうかがえる。**アンケート調査結果８**「子供が将来、日本国籍を取ろうとしたとき、どうしますか」で見られるように、賛成二十二％、わからない四十九％、反対二十九％であった。確かに、反対が賛成を上回っているが、半数が「わからない」である。これもまた、**アンケート調査結果13**「日本国籍取得を希望しない理由を答えてください」で「いつかは帰国するつもり」と答えた者（八人）を除き、これからも日本で暮らし続けようと思っている者（四十一人）だけを見ると、反対者は一〇％にも満たない。

インタビューを通じてよく聞かれたのが、趙玉済氏が「あくまでも子供次第です。私が反対して、どうなるというものではありません」と語るように、「反対するが、結局は子供に任せる」という言葉であった。このように、ニューカマーは共通して子供の国籍取得に柔軟な姿勢を示した。過去において、オールドカマーの一世たちが、子供が日本国籍を取得するのに対し激しい拒否反応を示し、結果として親子断絶にまで到る場合があったのとは、大きな違いである。

さらに、ニューカマーが子供の国籍問題をどのように考えているのかは、

学歴	大学未就学	大学卒業	大学院卒業
人数	5	34	10
%	10.2 %	69.4 %	20.4 %

調査結果 9 「最終学歴はどこまでですか」（回答人数49人）

	韓国にある学校	日本人の学校	韓国人学校	その他
人数	14	20	10	14
%	28.6 %	40.8 %	20.4 %	28.6 %

調査結果10「子供の教育はどこで受けさせたいですか」
（複数回答可　回答人数49人）

子供に対する教育問題からも測り知ることができる。特に、今回の対象者は、**アンケート調査結果 9**「最終学歴はどこまでですか」で見られるように、大学卒業以上が九〇％、大学院まで出ている者が二〇％以上という驚異的な高学歴で、当然子供の教育にも関心が高かった。

その彼らに、**アンケート調査結果10**「子供の教育はどこで受けさせたいですか」（複数回答）という質問で、「子供の国籍問題をどのように考えているか」を確かめた。その結果、複数回答にも関わらず、「韓国」と答えた者は三〇％に過ぎなかった。この質問に対しては、小中学校は親の住む日本で教育を受けさせるものと考えられ、それ以後の高校・大学そして大学院進学までを含めて、複数回答にした。これを、調査結果13の日本で暮らし続けると答えた者（四十一人）だけで見ると、「韓国」はさらに低く二〇％にも満たない。子供たちは帰国子女として、ソウル大学をはじめ名門大学に、本国にいる高校生より比較的有利に入学できるにも関わらず、韓国への進学を希望していない。

基本的に子供の教育は、将来に渡って日本に住むことを念頭に置き、日本での教育を重視していることがわかった。さらに、インタビューにおいて子供の教育で目立ったのが、将来どこでも住めて活躍できることを視野に入れて、インターナショナル・スクールや欧米圏への留学を考えていることであった。これについては、「5　グローバル社会に生きるニューカマー」で述べることにする。

しかし、インタビューで共通して語られたのは、日本人学校やインターナショナル・スクールで教育を受けさせても、どうにかして韓国語を教えたいという願いが強かったことである。李忠基氏は、韓国語が話せないオールドカマーの社会を批判して、

私たちは、日本に住んでも、子供たちを日本語だけしか話せない人間に育てたくありません。（略）韓国語を習うことによって、韓国の意識が生まれます。言葉を日本語から習うため、韓国を忘れるのです。

と語ってくれた。

さらに、韓国語学院である新大久保語学院の院長李承珉氏は、

日本に住む限りは、完璧な日本語と日本の知識が必要です。さらに、韓国で住むことも想定して、

家庭教師を呼んで韓国語も教え、家ではできるだけ韓国語で話すように心掛け…（略）
今は、韓国人であることが差別の対象ではありません。そのため、韓国語の勉強をしてほしいし、子供にも韓国語を教えてほしい。韓国語を話すことが、民族性を保持する基本で、一番簡単な方法です。

と、韓国・韓国語を教えるのに努力していることを語ってくれた。現在、オールドカマーのほとんどが韓国語を話せず日本人化していることを見て、子供たちの将来を憂慮する発言でもあった。これは、インタビューを通じて共通した見解でもある。言葉が民族性を保つ第一要因だと考え、日本に住んでも民族性を失わせたくないとの思いが強く感じられた。たとえ、将来日本国籍を取得しても、韓国人であることを忘れさせないためである。ここに、韓国系日本人の可能性が秘められていると言えよう。
そして、最後に、羅承道《ナスンド》氏は、

私は、二世三世たちは必要によって帰化をしたい人はしていいと思います。今のオールドカマー二世三世と将来のニューカマー二世三世とは、時代が異なります。オールドカマー二世三世の時代と違って、ニューカマー二世三世の時代になれば、日本人から直接差別を受けることも少なくなり、それに比例するように日本人に対する憎悪も薄れていくでしょう。さらに、日本人にも韓民族に対する差別感情も少なくなり、さらに文化的にもグローバルな時代となり、韓国人が誇りを持って生きていける社会になると思います。現在、韓流に見られるように韓国の文化が日本で受け入れられ、韓国人の生活水準も経済力も高くなったので、韓国人は昔のように努力しなくても自然と韓国人としての誇りを持って生きられると思います。帰化しても韓国人として、つまり韓国系日本人として生きていけるのではないでしょうか。

と、ニューカマー一世の時代は無理であるが、将来二世三世の時代になれば、他の民族に先駆けて韓国系日本人の少数民族の社会が形成され、日本を多文化社会へと導いていくと予測してくれた。

4　「大久保コリアン」が日本国籍取得をためらう原因

日本国籍取得に関する質問を通して、「今のままで不自由を感じていないので、取る必要は感じられない」という意見が圧倒的に多かった。しかし、その後に、「今、生活するのに不自由はないが、もし将来必要であれば取得するかもしれない」という意見が常に続けて語られた。つまり、何が何でも「国籍」を守り通すのではない、生活優先の国籍選択である。

大久保のニューカマーが主に手がけている業種は、韓国料理店、韓国マーケット、韓国グッズ店、韓国人相手の不動産や旅行会社など韓国と何かしらの繋がりを持ったものが主で、そこには国籍問題はなく、むしろ韓国人であることが有利に働いているとも言える。つまり、生活優先の面から見ても「現在、帰化する必要性がない」が大部分であった。

しかし、基幹産業に入っていくと、日本国籍がないことは致命的である。株式会社国際エキスプレスの社長羅承道氏は、「仕事上、帰化するしかなかったです」と帰化した理由を述べている。彼の事業体は世界を相手にしており、韓国とだけ繋がっているのではない。つまり、韓国籍であるメリットはない。国籍取得に対してこうも述べている。「必要がなかったら帰化しないじゃないですか。もちろん、私も帰化するつもりはなかったです」。まさに、生活優先の面から「必要であるから、国籍を取得した」であった。

ここで問題にしなければならないのが、「国籍を取る必要がない」は「できれば取りたくない」に通じることである。ならば、なぜ積極的に日本国籍を取得しようとしないのか。次に述べるのが大久保のニューカマーたちが国籍取得をためらう理由である。

4-1　反日思想と歴史問題

日本国籍取得拒否ですぐに浮かんでくるのが、日本人の歴史認識に対する反発とニューカマーの反日思想であろう。これは、過去にオールドカマーが国籍を拒否した歴史を踏襲するものである。

まず、ニューカマーは日本・日本人をどのように考えているのか。**アンケート調査結果11、12**で見られるように、ニューカマーは日本の生活に九十四％が満足し、八十四％が日本人を好んでいる。アンケート調査の対象者は、大なり小なり事業に成功し、現在の生活に満足している者がほとんどであった。

	満足している	わからない	満足していない
人数	46	0	3
%	93.9 %	0.0 %	6.1 %

調査結果11「日本での生活に満足していますか」（回答人数49人）

このため、「日本の生活に満足」し、「日本人を好き」なのは、当然とも言える結果であろう。「満足していない」者も、日本の生活が嫌いでなく、思った以上に事業が成功していない現状に「満足していない」のである。また、「日本が好き」であるが、最近の右翼団体による大久保でのヘイトスピーチをともなった反韓デモのようなものがなければ、一〇〇％近い数値を示していただろう。

インタビューにおいても共通して言えるのが、日本に来る前からそして現在も「日本が好きだ」と日本に対し好感を持っていることであった。確かにそうでなければ、日本に来なかったであろうし、ある程度金を儲けた時点で帰国したであろう。

日本人には奇妙に聞こえるかもしれないが、韓国では親日教育のため韓国人の多くが日本に対して好感を持っている。ニューカマーは、特にその影響を強く受けた人たちである。

日本において、韓国では「反日教育」を行っていると批判するが、それは誤解でしかない。確かに、日本の植民地時代における日本政府そしてその手先として働いた日本人の蛮行を暴き批判し、それを歴史として教え、これらを題材とした映画・ドラマは今も人気を博している。しかし、これがどうして「反日教育」と言えるのか理解しがたい。

	好きだ	わからない	嫌いだ
人数	41	5	3
%	83.7 %	10.2 %	6.1 %

調査結果12「日本人をどう思いますか」（回答人数49人）

ヨーロッパやアメリカにおいて、今もナチの蛮行の歴史を教え、非人間的なナチを描いた映画やドラマが人気を博している。日本人の多くもこれらを見ているはずだ。これらに対し、ドイツにおいて反独教育だと批判しているのか考えてほしい。むしろ、ドイツでは過去の反省からそれを積極的に受け入れ、再び過去の歴史が繰り返されないように自国民の教育を行っている。現在のドイツを批判するなら反独教育であろうが、歴史が繰り返されないように過去のナチの蛮行を批判しているに過ぎない。

過去の歴史に対し日本は、戦後すぐに「一億総懺悔」と過去の過ちを反省し、それを繰り返さないことを誓った。ここで、「一億」という数字は植民地時代の朝鮮人まで含めたおかしいものである。勝手に、朝鮮人まで懺悔させられたのである。日本も認める過った歴史を繰り返さないように、現在の韓国民に教えるのは当然である。

「植民地政策がすべて間違っていたのではない。植民地時代に韓半島は近代化したではないか」と主張する人たちがいる。もちろん、何につけても一〇〇％間違いというものは存在しないだろう。そして、確かに近代システムはこの時期に日本を通して入ってきた。これを捉え、植民地時代そして今も、「朝鮮人は独自の力で近代化を行える民族ではなかった。だから、日本がやってやったのだ。むしろ、感謝してもらいたい」と主張する人たちがいる。

しかし、日本による植民地政策がとられなかったなら、近代システムは韓半島に導入されなかったのであろうか。日本が独自に近代化したように、韓国人も独自の力でできなかったのであろうか。推測で歴史を判断するのは間違っているが、古代から独自の文化を築きあげてきたことを考慮しなくても、韓国が独立後の朝鮮戦争によって国土のインフラがすべて破壊され日本以上に廃墟と化し、北との軍事的対立の中で、さらにアジアおける市場がすべて日本や先進国に支配されていた状況下において、今日の経済発展を遂げたことを考えれば、独自の力によって近代国家を築き上げる能力が韓民族にあることはすでに証明されていると言えるだろう。日本の植民地政策は日本本土を中心とした近代化で、むしろ韓半島の正常な近代化を阻害したものであった。さらに、南北分断の結果をも招来した。韓国における反「日本帝国主義」の歴史教育は、植民地にされ虐げられた民族にとって、現在の独立精神を守るためにも当然のことであり、「反日教育」とは決して言えないものである。韓国でもし「反日教育」が存在しているなら、それは反「大日本帝国」教育であり、反「日本」ではない。

また、最近の韓日関係悪化による日本批判が韓国において見られるが、これは日本政府・政策批判であって、日本・日本文化・日本人批判ではない。そして、無分別な日本批判は、国内でも批判の対象である。さらに「反日デモ」であるが、デモがお家芸の韓国であるにも関わらず、抗議デモは駐韓日本大使館前に限られており、街を練り歩くような抗議デモはない。現在の韓国におけるいわゆる「反日デモ」と称されているデモは、「現日本政府への政策批判」デモである。

それに反し、日本で行われている右翼の反韓デモは、韓国政府の政策に対する抗議デモというより、韓民族に対する差別を扇るデモである。特に、韓国人による犯罪が発生すれば、それを個人的な問題とせず韓国人の民族性から来るものとして、韓国人全体を犯罪者のように攻撃し、民族的憎悪を扇っている。「韓国人を殺せ」との市街行進は、ヨーロッパで、特にネオナチが行う移民に対する差別暴力デモと同じ根を持つものと言える。特に、大久保に対する一回や二回でない定期的なデモは人権問題だけでなく営業妨害で、どこの国においても規制されるべき問題である。日本における反韓デモは、まさに反韓国・韓国人デモである。韓国におけるいわゆる「反日デモ」と称されているデモと、日本における反韓デモとは次元が異なると言えるだろう。

反面、独立後一貫して、韓国は、廃墟の中からの発展のモデルとして日本に注目し、日本に見習え、日本に追い付けと頑張ってきた。その間、日本・日本人の長所をマスコミなどを通し韓国民へ伝え教育し続けてきた。これは、金在虎《キムジェホ》氏の「ちょうどソウルオリンピックの年で、韓国国民が世界に対し関心を持ち始めたときでした。そんな中、毎日出てくる世界のニュースのほとんどがアメリカや日本の記事で埋め尽くされていました。その中でも日本に対しては、『日本は先進国だ』『日本人は規律を守る』など、日本を称賛する記事ばかりでした」という言葉からも理解できると思われる。

日本生まれの筆者が韓国に完全帰国した一九七九年は、まだ海外旅行自由化の時代ではなく日本に行き来した者もあまりなく、また在韓日本人もソウルに少数いるだけであった。特に地方の住民は日本・日本人に接する機会がなく、戦後の日本・日本人を知らない人たちであった。それにも関わらず、私がいた地方の都市においても日本・日本人に対する憧れが人々の間で強かったことを覚えている。当時は、キーセン（韓国の芸者）観光、公害企業の韓国流入、日本政府の独裁政権への肩入れなど非常に問題が多く、さらに日本人は韓国人を蔑視する傾向が強かった時代であったにも関わらずである。このように、反日教育と言うより、一貫して親日教育が行われてきたと言っても過言ではない。

一部の右翼の人たちが「韓国人は反日なのに、日本が好きだ」とよく皮肉るが、これは「韓国人は過去の植民時代の歴史を決して忘れないが、現在の日本・日本人を模範としてきた」と解すべきであろう。韓国人は、政府と国民、さらに歴史と現在を分けて考えている。このため、一時期東日本大震災で日本への渡航が減少したが、現在韓日の関係が著しく悪化しているにも関わらず、日本への渡航は観光・留学ともに回復気味であり、韓国国内では日本製品は売れ、日本食堂の日本語看板が表通りに立ち並び、日本の居酒屋チェーン店が韓国でも人気を博し、韓国の若者たちが連日連夜そこで飲み明かしている。さらに、多くの日本人のタレントが韓国の主要テレビ放送で活躍している。

しかし、日本のマスコミはそのような友好的なものは発信せず、韓国において何か小さな反日行動でもあればそれを漏らさず発信している。このため、韓国では反日が日常茶飯事のように行われていると誤解されがちである。筆者の知己である韓国在住の日本人は帰国すればいつも、「韓国人から日本人だと言って嫌がらせはされなかったか」「韓国にいるときは日本人であることをできるだけ隠すように」とか、酷い場合は「韓国人に襲われたことはないか」など、会う人会う人から問われうんざりしているらしい。また、「そんなことはないよ」と答えると、「運がよかった」と返され、呆れてしまうとのことであった。そうでないことは、韓国へ旅行に来た日本人なら十分に理解できるであろう。また、韓国在住の日本人に確かめてみるのもいいだろう。

これに反し、韓国において、歴史・領土問題に対する日本政府の態度に対する批判は繰り返されるが、日本の右翼団体が行う定期的な反韓デモ行動がマスコミに報道されることはほとんどない。なぜなら、右翼団体の反韓デモが日本国民を代表するものではないとの見解だからである。それは、正しい判断であろう。結論から言って、韓国人は日本文化・日本人に対し、友好的な国民である。問題は、インタビューで金根熙氏が語ったように「昨今の状況は、過去の傷に触れ、さらには傷口に塩を塗るような悪趣味な人が大勢いて困ります」ということである。

一方、日本人の歴史認識に対する不満が、ニューカマーの日本に対する不満に繋がっている面はある。インタビューにおいて、「日本人たちは明成皇后を弑殺したこと（閔妃虐殺事件）も知らないですね。[15]人の国の王妃を殺害するという大事件を起こしておいて、国民に教えてないんですね。（略）日本が韓国を植民地にしたことすら知らない人がいるんですね。正直言ってこれには驚きました。ですから、在日韓国人がなぜ日本に住み着いたかも知らないんですね」（呉世粉氏）と、歴史認識というより、あまりにも日韓関係の歴史に対し無知であることに、憤りさえ感じている人もいる。しかし、高卿勛氏が、

歴史問題は、我が国が豊かになると乗り越えることができる問題です。我が国が今よりもっと裕福になり、政治的にも経済的にもアジアをリードするようになれば、解決できる問題です。日本がいつまでも韓国を経済的にも政治的にも圧倒していれば、われわれの被害者意識はさらに強くなり、日本人は私たちを正当に評価できなくなるでしょう。

と語るように、ニューカマーたちは、自分の内部で十分に消化して未来を見つめている。日本人の歴史認識が、ニューカマーが日本国籍を拒否する主な原因とはなっていない。そして、ニューカマーを代表

する意見が、申尚潤氏の、

日本は好きですが、過去の韓国と日本の歴史を考えたとき、七〇年近くたってもそれに対する反省がない日本に帰化するのは、やはり抵抗がありますね。と言って、日本と敵対する気持ちはないです。私が今、住んでいる国ですから、日本へ貢献したいと思っています。

であると言えるだろう。

植民地政策の結果、日本に居残り差別と貧困の中、日本社会と対立する形で日本に住み着いたオールドカマーと、自ら好んで日本に住み着き成功したニューカマーとは自ずから出発点が異なると言える。即ち、日本を拒み続けたオールドカマーの過去の歴史を、ニューカマーが継承する要因はないのである。

４－２　反目する国民国家観

「日本国籍取得を拒否する」理由として、**アンケート調査結果13**「日本国籍取得を希望しない理由を答えてください」を見れば、「韓国人として生きたい」と「民族が異なるので、真の日本人にはなれない」を合わせると七〇％近くになる。「いつかは帰国するつもり」（八人）を除けば、四十一人中の三十九人で九十五％にも達する。

この「韓国人として生きたい」と「民族が異なるので、真の日本人にはなれない」は表裏一体の関係にある。「日本国籍取得を希望しない理由を答えてください」というインタビューにおいて、趙玉済氏：なぜ、そのような質問をするのか理解できません。韓国人が、韓国人として生きていくのは当然なことではないですか。

晋永燮氏：オールドカマーとニューカマーの違いは、ニューカマーは帰化せずとも堂々と生きる自信を持っている者たちであることです。だから、帰化をせず、永住権だけで暮らしていくことができます。

沈起連《シンギヨン》氏：夫は日本人ですし、二人の子供も日本国籍です。ですが、夫のため、子供のために国籍を変える考えはないです。私の人生は私のもので、やはり韓国人としてこれからも生きていきたいです。

と「韓国人として生きたい」が一貫して述べられた。ここには、「日本国籍を取得すると同時に、韓国人でなくなる」という認識が強く感じられた。確かに、国籍を変えることによって法的には日本人になるが、民族的に韓民族が大和民族になるわけではない。韓国系日本人という認識はない。

ならば、韓国人は他の国に行っても同じようにその国の国籍取得を拒むのであろうか。アメリカとの比較で「アメリカへ行った韓国人は、市民権つまりアメリカ国籍を取り、韓国系アメリカ人として、主導的にアメリカで暮らしていこうとしていますが」という質問に対する答えは、一貫して、「アメリカ

	いつかは帰国するつもり	韓国人として生きたい	民族が異るので、真の日本人にはなれない	その他	わからない
人数	8	26	7	5	3
%	16.3 %	53.1 %	14.3 %	10.2 %	6.1 %

調査結果13「日本国籍取得を希望しない理由を答えてください」（回答人数49人）

は東洋人に対する差別があっても、アメリカ国民として受け入れてくれるが、日本へ帰化しても、民族が異なるので日本人として受け入れてもらえない」であった。これを裏返して言うと「日本人と受け入れてもらえないから、韓国人として生きていく」となる。ここに、日本社会の閉鎖性と排他性が指摘されていると言える。

この日本人の閉鎖性・排他性は、**アンケート調査結果14**「日本人の短所と思うものを選択してください」からも見られる。インタビューにおいても、金孝燮《キムヒョソプ》氏は、

やっぱり、閉鎖的な国ですから、最初始めるのが難しかったです。酒類輸入卸しの免許がいるんですね。日本人の知り合いの酒屋の協力で、その社長が組合の会長だったので、免許を取ることができました。つまり、取れたのですから、外国人は駄目というのではありません。しかし、単純に書類を出して、はいOKというのではありません。この業界も閉鎖的ですので、その中に入る、たとえば組合に入ることによって初めて許されるわけです。まともにやれば、外

	韓国人を差別する	裏表がある	歴史認識がない	利己主義だ	閉鎖的だ	排他的だ	個人主義
人数	13	40	38	14	45	42	8
%	26.5 %	81.6 %	77.6 %	28.6 %	91.8 %	85.7 %	16.3 %

調査票14「日本人の短所と思うものを選択してください」
（複数回答可　回答人数49人）

国人は門前払いです。

と語っている。これは、金孝燮氏だけでなく、インタビューに答えてくれた方が口をそろえて言うものである。受け入れてもらうには、民族性を消し日本人に同化しなければならない。李承珉氏も、

日本の社会は閉鎖的なので、帰化するということは日本人になりきることであって、韓国系日本人にはなりえないのが現状です。その子供たちも同じで、そこに韓国系というのは残っていません。これは、私たちの先輩でもあるオールドカマーを見てもわかることです。韓国人として生きるか、日本人になりきるかです。

と語ってくれた。

「大和民族だけが、日本人である」「日本は、この日本人だけのものである」という日本人の根強い国民国家観が、閉鎖的で排他的な日本を形作ってきた。この意識が、日本において、移住外国人が少数民族化することを許して来なかった。このため、ニューカマーはたとえ帰化して法的に日本人になったとしても、日本社会において心情的には

いつまでたっても外国人という意識を持つしかなく、結果として日本社会の主流に入っていけなくさせている。

この「日本人が受け入れてくれない」と「韓国人として生きたい」とが相互反応し、日本国籍取得をためらわせていると言える。この状況をアメリカと比較して、金在虎氏はインタビューで、

アメリカとは状況が違います。日本社会はまだ閉鎖的で、帰化しても自分たちの世代では日本の主流に入っていけないでしょう。

過去にも、現在にも韓国系の国会議員が日本にもいますが、彼らはどこまでも完全なる日本人であることを要求されてきました。つまり、日本人には「大和民族しか日本人になれない」という強い意識がありますから。日本のパスポートを持ったからといって日本人にはなれません。そう思いませんか。フィリピン人やネパール人が韓国のパスポートを持っているからといって、韓国人だと思いますか。

アメリカの場合は、市民権を取れば、同じアメリカ人として受け入れてくれるでしょう。もちろん、東洋人に対して歴然とした差別意識はありますが。しかし、差別があっても、受け入れてくれるということが重要なんです。日本は、同じ日本人として受け入れてくれませんし、差別も残ります。日本も韓国も自分たちを単一民族と思っていますから、実際それは間違っているのですが、どうしても他民族の人を自分たちの同胞として受け入れることができないのでしょう。

と述べ、日本人の「国民国家観」だけを批判するのではなく、韓国人の「国民国家観」をも国籍取得拒否の理由としてあげている。

「国民国家観」は近代ヨーロッパにおいて作られたもので、日本は明治に近代化を迎え、二〇〇以上に分かれていた藩を一つにまとめ、日本人全体に同一意識を持たせるために、天皇を中心とする「太古からの単一民族国家観」を作り上げた。しかし、この時点で、琉球王国を吸収し、さらにアイヌ人まで吸収しており、「太古からの単一民族国家観」は虚偽でしかない。また、韓国も、植民地時代の独立運動、解放後の民族回復、統一のイデオロギーとして、檀君を祖先とする「太古からの単一民族国家観」を作り上げてきた[16]。これが、現在の両国の「大和民族だけが、日本人である」と「韓民族だけが、韓国人である」という強い国民国家観を生み出してきた。

この両民族の国民国家観が反目し合い、「帰化して法的に日本人になったとしても、日本社会においていつまでたっても外国人でしかない」という意識をニューカマーに持たせている。即ち、「あえて日本人になろうとしないニューカマー、ニューカマーを日本人として受け入れない日本人」という意識構造が、ニューカマーに日本国籍取得を拒否させていると言える。

さらに、鄭大均氏は著書で日本人の特性をあげ、

この日本社会が人間のモビリティ（移動性）に欠けていることとも無関係ではないであろう。この国には、日本人になる人間も少ないが、日本人をやめる人間も少ない。このような国で日本人との相互作用を通して人格形成をすると、国籍を変えるなどという発想が出てきにくいのである[17]。

	とても影響がある	少し影響がある	わからない	あまり影響はない	まったく影響はない
人数	16	22	2	9	0
%	32.7 %	44.9 %	4.1 %	18.3 %	0.0 %

調査結果15「最近の日本の右翼化現象は、将来自分の生活に影響があると思いますか」（回答人数49人）

というように、ニューカマーにとって日本国籍取得は、心情的に難しい問題である。ニューカマーの強い国民国家観が国籍取得の壁と言える。

4－3　反韓デモ

さらに、最近の日本の過激な嫌韓現象を超えた反韓暴力行動は、ニューカマー社会にも影響を及ぼしている。特に、今回取材した大久保コリアンタウンへの状況は深刻であった。デモの目的は何か。彼らが言っているように、営業の妨害によってニューカマーの生活権を奪い、大久保からニューカマーを追い出そうというものである。当然、**アンケート調査結果15**「最近の日本の右翼化現象は、将来自分の生活に影響があると思いますか」によっても見られるように、ほとんどの者が影響を感じている。

取材中、目にした「在特会」のデモの光景は、狭い路地裏にも入ってきてのやりたい放題のヘイトスピーチであった。ヘイトスピーチの内容は、「朝鮮人はゴキブリ！」「いい朝鮮人も、悪い朝鮮人も、皆殺せ！」「南京大虐殺じゃなくて大久保大虐殺を実行しますよ！」「税金泥棒！」などであった。

「税金泥棒！」といっても、大久保の経営者の方がデモ参加者よりはるかに多くの税金を納めているはずであり、「南京大虐殺じゃなくて大久保大虐殺を実行しますよ！」は、彼らが否定している「南京大虐殺」を肯定する発言でもある。あまりにも常識を逸脱した幼稚さに呆れ返って笑いも出た。しかし、締めくくりとしてリーダーの叫びに合わせ興奮した「朝鮮人、殺せ！　殺せ！」大合唱は、大久保全体を異様な雰囲気に包み込んでしまった。その中で、「皆さん、街中で韓国・朝鮮人を見かけたら、石を投げつけ、朝鮮の女はレイプしてもかまわない」と絶叫する者がいた。過去において、チマチョゴリを着た在日の女性に「やい、朝鮮人！　朝鮮人！」と囃し立て、石を投げつけていた子供たちがいたが、今、これらの叫びは、デモに参加している付和雷同の若者たちにどのような影響を与えているのか、それを愛国と考えているのかと思うと、心底恐ろしく感じた。

さらに、日本人の客に「おまえらも朝鮮人か」、「日本人なら恥を知れ！」と怒鳴りちらしながら、そばの看板などを蹴ったりしていた。これでは、日本人の客は怖くて次に来るのが嫌になるだろう。

たまたま店の看板が壊されないように店の前に出張っていた者に、「放っておいてもいいのか」と声をかけたところ、「私たちが抗議すれば、今にも殴りかかる勢いで向かってきます。私は軍隊も行って来た者ですから、いくらでも相手はできます。けれど、その挑発に乗ったら、待ってましたとばかり、『大久保は怖いところだ。日本人と知れば、男、女、見境なく襲ってくる。会員の何人かは暴行を受け、今病院で治療を受けています』と、ネットで書きまくられますから。困るのは、現場にいなかった者はその記事を信じて、私たちに対しさらに偏見を持つことです。警察からいつも言われています。彼らの挑発に乗らないようにと。それより、彼らと同じレベルで闘いたくないだけです。日本が好きなのに、残念です。しかし、それを見ていた日本人のお客さんが、『日本人として、恥ずかしい』と言ってくださったときは、本当にうれしかったですね。だから、私はまだ日本にいるんだと思いました」という答えが返ってきた。

特に、最後の「だから、私はまだ日本にいるんだと思いました」という言葉は、印象的であった。また、その現場にいた日本人を含め多くの人たちから、「警察がきちっと取り締まらねば」「日本は多文化社会に進むと言っているのに」というような声が多く聞かれた。確かに民主主義国家では「正当な権利としてのデモは自由」で、「表現の自由」は認められるべきであろう。しかし、彼らのやっているのは「差別」であり、「差別の自由」はどこの国でも認められていない。さらに、路地裏まで入ってきての営業妨害は、暴力以外の何ものでもなく、住民たちの生きる権利を奪う行為である。警察は地域住民が不利益を被らないように努力しなければならない義務があり、生活権を奪う営業妨害は当然取り締まるべきであろう。

このようなデモは、日本社会にある根強い韓国・朝鮮人に対する差別意識を利用しての在日攻撃である。ただ韓国・朝鮮出身だということだけで、在日を排斥しようとしている。最近は、在日韓国・朝鮮人だけでなく他の在日外国人も排斥の対象になっているようである。ストレス解消として在日を攻撃しているようにしか思えないのは、筆者だけだろうか。

他の右翼が言っていることも筆者はとても賛同できないが、少なくとも住民に対しては攻撃はしない。そして、自分たちなりの思想もあるようで、安心して見ていられる。しかし、反韓デモの人たちが叫んでいることは、あまりにも非理論的でしかも幼稚である。韓国人は、帰化した者、一時的にいる留学生

	怖い	怒りを感じる	韓日関係によくない	日本を閉鎖的な国にしていく	負け犬集団	日本人からも除け者	その他（知らない）
人数	2	7	33	29	10	11	4
%	4.1 %	14.3 %	67.4 %	59.2 %	20.4 %	22.4 %	8.2 %

調査結果16「反韓組織をどう思いますか」（複数回答可　回答人数49人）

や駐在員などすべて含めても、日本の全人口の一%にもならないだろう。それにも関わらず「日本の経済は彼らに後ろから操られている」「日本は彼らに乗っ取られる」と叫んでいる。本当に、彼らはそれを信じて言っているのだろうか。参政権もないたった一%の在日韓国・朝鮮人に九十九%の日本人が征服されると。もし、それほど愚かな日本人なら、こんなに日本が発展できたであろうか、またニューカマーが日本に来た甲斐もないであろう。彼らにちゃんとした思考回路が働いているのか疑問を感じた。

「日本が好きだ」「日本での生活に満足している」「将来に渡って日本に住み続ける」と日本を受け入れていたニューカマーたちはこんな日本に嫌気がさし、日本に対する悪感情が芽生え始めているのではないかと、**アンケート調査結果16**「反韓組織をどう思いますか」という質問を投げかけたみた。

結果は、確かに「怒りを感じる」と言う人もいたが、それは複数回答にも関わらず十四・三%で意外と少数であった。それに反し、「韓日関係によくない」六十七・四%、「日本を閉鎖的な国にしていく」五十九・二％と、今後の韓日関係や日本の未来を心配する回答が圧倒的に多かった。

大久保の人たちは、デモの影響よりも、韓日の政府関係が冷え込んでいることが、今、大久保のコリアンタウンに大きな影響を与えていると心配していた。取材当時に起こった「大統領の独島（竹島）上陸」の影響を、インタビューを受けてくれたほとんどの人が訴えていた。インタビューで、金鐘来氏は、

国益のために（大統領が）行動するのはいいのですが、単なるパフォーマンスとして、在外国民に迷惑をかけてほしくないです。あれ（独島上陸）によって、得たものはなく、むしろ状況が悪化しているだけじゃないですか。

と語ってくれた。

独島問題は領土問題で明らかに政治問題であるうえ、さらに歴史問題も政治問題化している。そう簡単に解決できるものではないだろう。しかし、韓日の文化交流・人間交流が盛んになり、韓日間の争点を圧倒すれば、お互いいがみ合うこともなく、争点は冷静に解決されるのではないだろうか。そのためにも、大久保のような街が発展しなければならないだろう。

5　グローバル社会に生きるニューカマー

すでに述べたように、ニューカマーたちの子供に対する教育方針で、目立ったのがインターナショナル・スクールへの進学や欧米圏への留学である。これは、子供の視野を広げることを念頭に入れての英語教育重視である。そしてそこには、将来グローバル化に備え韓国・日本にとらわれず、世界のどこでも住むことのできる大人に育てたい、との願いが込められていた。これは、国籍問題にも関わることである。

このような状況を李忠基氏はインタビューで、以下のように語ってくれた。

最近、韓国には新しい教育文化が生まれました。子供の頃から中国や日本に行かせるのが流行っています。しかし、単に中国や日本へ送るのではありません。たとえば、中学生のときから子供を中国に送り大学まで行かせます。その中国で日本語や英語もある程度勉強させます。中国で在学中または卒業後、一年ぐらい日本へ、さらに一年ぐらい英語を学ばせるため英語圏の国へ送ります。過去に、本国韓国を起点にして他国に語学研修に送っていたのが、今や中国、日本、またはアメリ力を起点として語学研修のため他国に送っています。言語習得のためのシステム化が進んでいます。このような教育文化の中で生きる人々が韓国人です。そのような意識の中で考えれば、国籍は意味がなくなります。

また、ニューカマー自体の話として、さらに李忠基氏は続けて、

私が日本にいるか韓国にいるかは重要だと考えていません。私にとって重要なのは経済活動ができる都市がどこであるかであって、国がどこであるかではありません。（略）事業の拠点はその都度その都度、変わっていきます。そのとき、国籍に意味はなく、縛られていてはむしろ経済活動の邪魔です。

グローバル化していく世界の中で将来を考え、大久保の企業家は、社団法人世界韓人貿易協会（World-OKTA）に関心を示し、活発な活動を行っていた。この World-OKTA とは、韓人会のような親睦団体でなく、現在（二〇一四年）、世界六十四ヶ国一二五都市に支会を持つコリアンビジネス・ネットワークである。日本には、東京以外に大阪、名古屋、福岡などに支会がある。現在は、ニューヨークと東京が中心的役割をし、東京支会の会長を大久保から出している。

この World-OKTA に対し、金孝燮氏は、

世界の韓国人を網羅したコリアンビジネス・ネットワークです。ですから、大久保・日本にとどまらず、世界に目を向けた商売をするため、積極的に皆参加していますね。元々、ニューカマーは経済活動の場として日本を選んでいるだけで、精神的には韓国人です。ですから日本にこだわる必要はないのです。これから先、日本から世界に羽ばたきたいと思っている人がほとんどです。すでに、そのように動いている人も多くいます。

さらに、李承珉氏は、

しかし、ここで誤解してもらっては困るのは、これらの団体は韓国人同士集まって韓国に貢献しろというものではありません。世界の韓国人が助け合って生きていくことを目的とし、そしてその地域に貢献することを前提としています。自分の住んでいる地域が発展しなければ、自分も発展できません。これからは、韓国人、日本人というのではなく、世界市民として生きていくべきです。これから入ってくるニューカマーも、自分の生活を日本や韓国に限定するのではなく、日本・韓国を起点として世界に目を向けてほしいです。

さらに、国単位で見るのではなく、地域ごとに見るべきです。東京が自己の経済圏なら東京に、大阪が経済圏なら大阪に、また日本全国が経済圏なら日本国に、さらにアメリカまで自分の経済圏なら、アメリカに貢献すべきです。世界市民的意識で、国籍に縛られる必要はないです。

大久保の人たちは、自分の活動範囲を地域によって縛るものでないといい、さらに、これに関連して国籍によって自分自身を縛ることを拒否していることがうかがえた。韓国から移住しさらに世界に向かおうとしている彼らにとって、さらに、これだけ情報化や国際化が進む現状において、一国に帰属するという概念で国籍を捉えると、逆に窮屈な生き方を強いることになるのだろうか。

これに対する明快な答えとして、金承福氏はインタビューで、

私には、私が日本人になって日本の一員になるという、そんな考えはないです。しかし、日本人にならなくても日本の一員になれると思っています。ですから、ここに住む義務として、日本社会に貢献し、税金もきちんと払わなくてはいけないと思っています。反対に、国民ではなく住民としての権利も得られるべきだと思っています。たとえば、地方自治の選挙権などそうですね。といって、被選挙権をくれとは言っていません。（略）国籍を変えなくてはならないというのも、すごい抑圧です。私たちは、移動してきた者たちです。そして、次にどこに移動しているかわかりません。私たちは自分たちの住む地域に愛着を感じ、貢献もしてきました。つまり、地域住民としての義務はすべて果たしてきました。当然、それに対する権利も得るべきです。それを、どうして国籍で縛り付けようとするのかわかりません。

と、日本国籍を拒否するのではなく、国籍によって縛り付けられることを拒否しているのである。

スウェーデンのトーマス・ハンマーという学者は、住民を「国民」と「外国人」という二つの概念で

分けるではなく、「国民」と「外国人」の間に「永住外国人」という概念を置き、それを「デニズン（denizen）」と呼んでいる。自分の国を誇るかどうかは別にして、人は自分の家族や祖先が生まれ育った国の国籍をそう簡単に捨てられないものである。彼らは諸般の事情のために外国に来て永住することになったのであって、そういう人たちに対し、ホスト国は、ひとたび永住権を与えたデニズンに対しては、国民とほぼ同等の権利を与えるべきだというのがハンマーの考え方である。アメリカでは永住権でどの程度まで就職が可能かというと、国家の極めて特殊な職務、極秘事項に関わる専門部署以外は、公務員も含めて何にでもなれる(18)。

また、定住先でいかに民族性を保つか、という問題については、次々に新しいニューカマーが日本へ入り、結果として民族性を保ち続ける、との意見がインタビューを通して聞かれた。

沈起連氏：現在のような大久保コリアンタウンを維持していくためには、韓国・韓国文化を知る新しいニューカマーが、連続して韓国から移住して来なければならないでしょう。

金孝燮氏：韓国籍で意識を持って活動できるのは、一世と二世だけですね。ニューカマーも（オールドカマーと）同じようになる可能性があります。新しく来たニューカマーにバトンタッチしながら民族性を保っていく以外にないでしょう。

中尚潤氏：ニューカマーといっても、私たちのような定着型は少数です。大部分のニューカマーは流動的です。ですから、これからの激しい変化に対応しきれず、帰国する者が増えるでしょう。しかし、また新たに多くの者がやって来ます。それを繰り返しながら、コリアだけでない国際的な街として定着していくと思います。

ニューカマーが民族性を維持しようと思っても、同化されることは防ぎようがない。しかし、入れ替わり立ち替わりニューカマーが韓国から入ってくることで、大久保の街が維持されると考えている。

さらに、将来の大久保コリアンタウンの性格を、李承珉氏は、

チャイナタウンのようにはならないと思いますよ。チャイナタウンは、閉鎖的な時代に中国人同士集まるしかなかった結果としてできた街です。今、世界は、グローバル社会、多文化社会へ向かう傾向にあります。日本だけそれに逆らうことはできません。また、マスコミがコリアンタウンと宣伝しましたが、大久保は今でも人口的には日本人が圧倒的に多く、決して韓国人のコロニーではありません。それに、韓国人だけでなく、中国人、ネパール人、ベトナム人、インド人、さらにアジア系だけでなく白人、黒人、それこそ世界の人が住んでいる国際都市です。ですから、大久保はもっともオープンな街で、これからもそうでしょう。

と、コリア一色でなくいろいろな国の色が混じり合う国際都市への発展、つまりよりグローバルな街づくりを考えており、ここに多文化社会を築こうとしている。これは、過去にオールドカマーが祖国と日

本の狭間でしか将来を考えられなかったのに比べ、すでにニューカマーは祖国を離れ世界に飛び出しているると言える。そして、今いるのがたまたま日本ということである。

彼らは、日本社会の一員として、

金熙錫氏：日本・日本文化・日本人と対立するのではなく、相手の文化を尊重することによって自らの文化にも誇りが持てます。そうすることによって、韓国人としての誇りを持って日本社会で日本人と共存することができ、さらに地域社会の発展にも自然と貢献することができるでしょう。

中尚潤氏：今のように対立ばかりしていれば、韓国にとっても日本にとっても、よい結果は決して生まれてこないでしょう。対立要素が解消できないなら、協力要素をさらに大きくし、相対的に対立意識を押さえ込んでしまえばいいです。相互理解と双方の発展を図ることが必要です。その第一歩が、お互いの文化を知りあうことです。このような意味で、この大久保は必要です。

晋永燮氏：日本と韓国と架け橋的役割を十分果たしていくと思います。私たちは、日本語も韓国語もでき、何よりも日本と韓国を知り尽くしています。私の会社のモットーが「日韓の架け橋になりたい」です。（略）特に、韓日関係がうまく行けば行くほど、ニューカマー社会も発展し続けるでしょう。そこに対立意識が存在する場はないでしょう。

金根熙氏：私は、「友情」という名を掲げ、これは韓日の友情ですが、（「韓国広場」を）創業しました。（略）「広場」というのは人が集まるところです。（略）この「広場」というのは、ここに来れば韓国のすべてがある、つまり韓国の生活文化に触れることができ、日本人と韓国人が一同に集い楽しめる場を意味します。

金承福氏：もちろん植民地時代の影響もありますが、韓国には日本の文化が溢れています。反対に、日本では韓流韓流と騒いでいますが、まだ韓国の本当の文化が紹介されていない気もします。Ｋ－文学を通して韓国への理解を深め、今までの日本人が持っている韓国・韓国人への誤解も解けるのではないでしょうか。そうすれば、政治的にも対立がやわらぐと思います。

と語ってくれた。ここで、意外に感じたのが、彼らはコリアンのコロニーを目指すより、自分たちをグローバル世界においていることである。韓国と日本だけで世界を見ているのではないため、彼らには日本と韓国の対立意識はない。そして、今住む日本を見つめ直し、日本に住む意味を真剣に考え、日本社会の一員として自分たちの役割をしっかり見据えていると言える。まさに「日本と韓国の架け橋」的存在である。

多文化社会を迎える日本にとって、欠かせない人たちである。彼らニューカマーのこれからやるべきことは多い。

（1）二〇一一年度登録外国人統計（法務省）によれば、総外国人数は二〇七八五〇八人である。特別永住権者の数が一九九一年六九三〇五〇人で登録外国人全体の約五十七％であったが、二〇一一年度には三八九〇八五人で全体登録外国人数の約十九％にまで減少している。また、オールドカマー（特別永住権者）三八五二三二人、ニューカマー一六〇一六九九人である。
（2）白井美友紀編『日本国籍を取りますか？』（新幹社、二〇〇七年）一五八〜一五九頁。
（3）たとえば、在日の歌劇団「金剛山歌劇団」年一回の公演のとき全国の資産家の在日に招待状を送り、そこで多額の献金が要求された。多いときには一回の公演で一〇〇億円以上も集まる場合もあった（韓光熙『わが朝鮮総連の罪と罰』文春文庫、二〇〇五年、一九三〜一九四頁）。一九七三年以降、北朝鮮の経済政策の失敗から在日からの資産強奪は激しくなった（金賛汀『韓国併合百年と「在日」』（新潮社、二〇一〇年）二三四〜二三五頁）。
（4）「地方公務員採用運動に対して、朝鮮総連の当時の第一副議長が、その運動を「反民族的行為」と断罪した。その理由として植民地支配時代、朝鮮総督府の末端朝鮮人官吏が「反民族的行為」を行っていたが、日本の役所に籍を置くのはそれと同じ行為だという」（金賛汀『韓国併合百年と「在日」』二三三頁）。
（5）たとえば、一九八八年のソウルオリンピックの開催を期に結成された在日韓国人後援会は、一〇〇億円にものぼる募金を集めた。それ以外にも、無理な本国への投資が強いられ、六〇年代から七〇年代に在日から本国に流れた資金は一〇億ドル以上になると言われている。しかし、現在はむしろ韓国政府が運営資金の六割から七割を負担しており、その金額は一年に数億円にのぼっており、海外僑胞への全援助金の五〇％を上回っている。また最近、在日の本国投資も利益優先となってきた。
（6）日本国内に約六万人いると言われる在日コリアンの小・中学校生のうち、約一％が在日本大韓民国民団系の韓国学校に、約一〇％が在日本朝鮮人総連合会系の朝鮮学校に通っている。従来、在日コリアン児童の民族教育（祖国の言語、歴史、文化の教育）はこうした民族学校と各家庭が担ってきた。しかし、「祖国を知らない」二・三世の親が増える中、家庭だけでは十分な民族教育の機会が得られていないのが実情である。そして、現在民族学校に通っている在日は一〇％ほどで、特に韓国系民族学校はニューカマーの比率が高く、オールドカマーの子弟は、日本人学校に通っているのが通常で、大学を卒業するまで民族教育を受ける機会はない。

(7) 櫻井武氏はオールドカマーとニューカマーの関係は密接であると報告している。（池垠璟・櫻井武「日本における韓国人ニューカマーの情報ネットワークの変容―ＦＧＩとＭＡＸＱＤＡを用いた分析を通して―」『東京都市大学環境情報学部情報メディアセンタージャーナル』二〇一〇年四月第十一号）。しかし、今回の調査結果で見られるように、櫻井武氏の報告はオールドカマーを頼って日本来た初期のニューカマーの段階で、現在はその傾向は減少している。少なくとも、大久保コリアンタウンではそうであった。

(8) 二〇〇一年五月二〇日に、会長金熙錫らによって在日本韓国人連合会が結成された。ニューカマーの在日韓国人による全国組織で、民団に次ぐ韓国人親睦団体である。本部事務所は東京都新宿区大久保にある。この組織は、中央組織がありその下に地方組織があるのではなく、地方ごとに独立した組織のある、その連合体である。会の目的と方針は、①会員相互親睦と情報共有②地域社会の発展と融和③民族教育の活性化、母国語による教育④日本の法律を守り、日本人とともに地域社会に貢献する。この中で、②と④は、民団・総連とは異なり日本社会に溶け込むことを重視している。

(9) エリン・エラン・チャン、阿部温子訳『在日外国人と市民権』（明石書店、二〇一二年）六〇頁。

(10) 前掲書六〇頁。

(11) 坂中論文で有名な坂中英徳氏（元東京入局管理局長）は、日本は現在、同化政策を取っていないが、同化の強い社会と述べている（白井美友紀編『日本国籍を取りますか？』一五九頁）確かに、同化を進める規範はない。しかし、民族学校の取り扱いなど、多元性を認めていない。さらに、日本社会に同化していくことが望ましいという規範を持ち、それを放置している以上、それは同化政策と言える。

(12) 白井美友紀編『日本国籍を取りますか？』二四〇頁。

(13) 一九五一年のサンフランシスコ平和条約後、在日朝鮮人は国籍選択権を与えられず、一方的に日本国籍を取り上げられる形となった。それ以降の国籍取得は、「帰化」という形を取り、このとき「日本国民であった」という規定はない。他の外国人と同じように扱われてきた。つまり、外国人として日本に住むことを強要し、全ての権利を奪っ

てきたといえる。（田中宏『在日外国人　新版』岩波新書、一九九五年、六十八〜七十一頁）

(14)「日本人女性との結婚。相手の親から猛反対され、突き付けられた条件が「帰化」だった。身も心もずたずたになりながらの手続き。日本の戸籍に「本名・新井実」と書き込まれた。子が生まれ、生き方を見つめ直した。「もう一度、朝鮮人として生きたい」。朴は「日本籍朝鮮人」として生きる道を模索し始めた。八四年、家庭裁判所に民族名への変更を申し立てるが、却下。翌年、同じ境遇の人たちと「民族名をとりもどす会」を結成。帰化要件から「日本的氏名」を取り除かせる運動成果を挙げた。八七年、二度目の申し立てで在日コリアンとして初めて、民族名を戸籍に取り戻した」（『在日　日韓朝の狭間に生きる』愛媛新聞社、二〇〇四年、一一八頁）。しかし、有名人の帰化のほとんどが、日本語名を使用しているのを見ても、現在も日本語名の強要が行われていると言っても過言でない。

(15) 一八九五年一〇月八日、朝鮮時代の第二十六代国王・高宗の王妃で当時権力を握っていた閔妃が、三浦梧楼らの計画によって、日本軍守備隊、領事館警察官、日本人壮士らに暗殺された事件。

(16) 朴正義『『三国遺事』檀君に根拠する国民国家観の研究』（人文社（韓国）、二〇一二年）

(17) 鄭大均『在日韓国人の終焉』（文春新書、二〇〇一年）一〇七頁。

(18) 白井美友紀編『日本国籍を取りますか？』一一八頁。

第2部　大久保コリアンタウンの声

一、このインタビューは、二〇二三年一月から二月にかけて、大久保コリアンタウンを中心に取材を行ったものである。

二、インタビューは韓国語で行い、それを筆者が日本語に翻訳した。

三、インタビュータイトル後の番号、情報は次を意味している。

①取材日時　②取材場所　③現職　④生年月日　⑤来日日　⑥出生地

⑦家族構成　⑧特記事項

1
日本社会との共生に夢を託す――金熙錫《キムヒソク》

①二〇一三年一月十一日午後三時　②東京都新宿区百人町（「韓国伝統家庭料理元祖松屋」）　③有限会社ＫＨＳジャパン代表取締役　④一九五二年一月一〇日　⑤一九八〇年十一月二十九日　⑥大邱市　⑦妻、娘一人　⑧在日本韓国人連合会初代・二代目会長、新宿区福祉計画策定委員などを歴任。現在、在日本韓国人連合会常任顧問

略歴：音楽の勉強のため日本に留学したが、本場の韓国料理を日本人に伝えたく、大久保に韓国料理店を開き日本に定着。大久保コリアンタウンの先駆者でもある。その間、ニューカマーの権益を守るため在日本韓国人連合会を創設し、初代会長に就任。以後、日本人との対立ではなく、自分たちの文化を守り日本人との共生のため尽力する。

日本に来られた動機は。

――私は元々音楽、ピアノをやっていました。一九八〇年に僑胞《きょぽ》（在日韓国人）の慰問公演で日本に来たのが、日本との出会いです。そのとき、日本の音楽のレベルの高さ、特にアレンジのレベルの高さに驚きました。慰問公演を終え一旦は韓国に帰国したのですが、どうしても日本で音楽の勉強がしたく、

再来日したわけです。日本へ来て、二年間音楽学校に通って、アレンジや編曲の勉強をしました。
しかし、音楽で生計を立てるのは難しく、妹の旦那と一緒に板橋区でNSトラベルという旅行代理店をはじめました。これが、日本での最初の仕事です。

この店（「松屋」）は、いつ始められましたか。

――この店は、一九八九年に始めました。

しかし、当時日本で、外国人が店をオープンするのは難しくありませんでしたか。

――そうでしたね。外国人がここで店を始めるのは実際は無理でした。資金もそうでしたが、日本の人たちは私たちのような外国人には店や土地を貸してくれませんでした。しかし、運がよかったのか、偶然にも知り合いの日本の人がここの土地を管理していました。そこで、冒険だとは思いましたが、一度試してみようと始めました。この近く（職安通り）での本格的韓国料理店は、ここが二番目だったと覚えています。

当時はまだ、本格的韓国料理は、日本人には受け入れてもらえなかったでしょう。

――そうでしたね。最初は、日本人のお客さんはいなかったですね。在日（オールドカマー）がやっている韓国料理店、焼肉屋やホルモン屋などがありましたが、そこの味に日本人は慣れていたので、私が作る韓国料理は最初は合わなかったようですね。しかし、在日（オールドカマー）がやっている韓国料理店で出されるキムチなどは、本場韓国の味でなく日本化したものでしたので、私はそれをいつも残念に思っていました。

それで、お金儲けというより、韓国の本場の味を日本人にも味わってほしいとの思いが強く、この店をオープンしました。オープンしたときは、カムジャタン・キムチチゲなど日本人にまだ知られていないものを中心に、ここでしか味わえない本場の韓国の味を試してみました。

でも、当時はニンニク臭いとか、日本人から嫌われませんでしたか。

――そうですね。当時は、日本人はニンニクをほとんど食べていなかった時代でしたので、ニンニクの臭いには敏感でしたからね。私も、電車に乗るときや人に会うときは、ニンニクの臭いがしないように随分気をつけました。オープン当時は、韓国人の客がほとんどでしたね。そのとき、この近くの歌舞伎町が非常に流行っていました。そこの韓国の飲み屋で働く女性たちが仕事が終わった後、韓国の味を懐かしんでよく来てくれました。

それを、フジテレビやNHKなどマスコミが取り上げ、それを見て好奇心も手伝ったのか、多くの日本人が来てくれるようになりました。韓国料理は中毒性があるのか、食べるうちに段々と病みつきになっていきます。ですから、初めは恐る恐る食べていても、一度来た日本人はまた来てくれます。そうこうしているうちに、韓国の味が日本人の舌にも浸透していきました。現在はお客さんの九〇%が日本人です。そしてその後、この辺り（職安通り）を中心に韓国料理店が一軒二軒と増えていき、さらに大久保通りへと広がり、今のような状態になりました。大きな波は二〇〇二年ワールドカップのときと、韓流ですね。韓流ドラマで食べている料理を食べたいと、訪ねて来るお客さんも多いです。

韓国の店をオープンするのに対し、商店街の他の日本人経営者から反対はなかったですか。

――私の店は、（職安）通りから少し入った住宅地ですので、そういうことはなかったですね。それに、今でこそこの通りが繁華街になっていますが、当時は回りに店も何もありませんでした。ですから、日本人の店とトラブルを起こしようにも起こせなかったんです。

住宅街なら、回りの住民から苦情はありませんでしたか。ニンニク臭いとか。

——ありましたね。ニンニク臭いとか、また夜遅くまでやっていたのでうるさいとか、いろいろ苦情はありました。しかし、悪いのはこちらなので、苦情は仕方がなかったですね。それで、できるだけ摩擦を起こさないように気をつけました。そして、できるだけ近所付き合いをよくするようにも心掛けました。掃除やごみの出し入れも率先してやりました。今は、回りの住民の皆さんと仲よくやっていますよ。それから、食べにも来てくださいますよ。有難いです。

大久保の商店街は、韓国関連の店がほとんどを占め、大久保コリアンタウンとまで呼ばれていますが。

——最初は、韓国の店はあまりなかったですよ。それも現在中心になっている大久保通りにはまったくなく、職安通りに少しあっただけです。それが韓流ブームと相まって、大久保通りに進出するようになり、日本の店がどんどん韓国の店に変わっていきました。さらに、大久保通りと職安通りを結ぶ路地にも韓国の店ができ、イケメン（男前）通りなどまさにその代表と言えます。

大久保にコリアンタウンが形成されるにつれ、地域住民または日本人の商店主からの反発はなかったですか。つまり、韓国人に街を乗っ取られたというように。

——韓流ブームにつれて韓国料理店、また韓流グッズの店などが増えていき、いつしかコリアンタウンと呼ばれるようになりました。韓国人に商店街が乗っ取られたとの意識もあるでしょう。しかし、コリアンタウンという名は私たちがつけたのではなく、マスコミが言い出したもので、それがいつのまにか定着しました。

それに、日本と韓国の文化は違います。日本人に比べ韓国人はうるさいとか、相手に対する配慮が足りないとよく言われますね。それに対して弁解するのではありませんが、当時、大久保に来たニューカマーたちにとっては、その日その日がまさに戦争でしたからね。昔から店を構えている日本人店主のように余裕がありませんでした。法律に触れさえしなければ、金儲けのために何でもやりました。そのため、日本人とだけでなく、韓国人同士でもトラブルが絶えませんでした。

その反省から、金だけ儲けたら国に帰るんだという考えで店を経営するのではなく、ここで働かせてもらっているのだから、自分の利益だけを追求するのではなく、地域の発展も一緒に考えて働くようになりました。そのため今も、日本人商店主との話し合いを重ね、互いの誤解を解き、さらに私たちを理解してもらえるように努力しています。つまり、当然なことですが、日本人との対立でなく、日本人との共生を目指しています。たとえば、一緒に商店街の掃除などを行っています。今はコリアンタウンの形成とともに地域の活性化が行われ、それにつれ日本人の店にもお客さんが増えています。日本人の商店にとってもいいことじゃないですか。

元々この地域は犯罪の多い街で、夜は女性の一人歩きができないと言われていた所です。だから、新宿の近くにも関わらず地代・部屋代は安かったのに、日本人が移り住もうとしなかったんですね。それで、外国人にも部屋を貸してくれ、韓国人を含め多くの外国人が集まるようになったのです。それが、コリアンタウンが形成されることによって、活気のある明るい街に変わっていきました。そして、地代・部屋代はうなぎ登りで、日本で一番地代が上がった場所と聞いています。今となっては日本人から感謝されていますよ。

また、私は、新宿区長さんから、「コリアンタウンは、国際化の街づくりの理想だ」と感謝されました。私は地域の発展に貢献するため、福祉計画策定委員も努めました。これは、外国人としては初めてのことです。街の日本人の住民から韓国人が理解され、信頼され、現在日本人との共生がうまくいっていると言えるんじゃないですか。

金煕錫さんは、在日本韓国人連合会の初代会長でしたね。これについてお聞きしたいのですが。民団があるにも関わらず、どうして「韓人会」を作る必要があったんですか。

――当時は、私たちニューカマーは民団に加入する資格がなかったんです。どうせ私たちはすぐに韓国に帰るだろうと思われ、会員になる資格が得られなかったんです。今は私たちも入れますが、当時はオールドカマーでさえ帰化すると駄目というように厳しかったです。

一九八六年以降の海外旅行自由化によって、ニューカマーが日本へも民族の大移動のように大量に押し寄せました。現在、十八万人以上います。実質的には、ニューカマーの人口は民団員より多いです(1)。ニューカマーは日本に定着する過程で、どうしても日本社会とのトラブルが起きます。これを本国が解決してくれるわけでもなく、自分たちの権益を自分たち自らが守るしかありませんでした。このためには、どうしても独自の組織が必要でした。それで、「韓人会を考える会」を創って、一年間全国を回り組織づくりに努め、二〇〇一年五月二〇日に「在日本韓国人連合会」を創設しました。また、「連合会」としたのは、東京だけでなく大阪・名古屋など現在日本全国に「韓人会」ができているからで、その連合体という意味から名付けました。つまり、東京に中央組織があり、その傘下としての地方組織を全国に創るという縦の関係ではなく、すべて同等の権利を持つ横の繋がりで成り立つ「連合」という意味です。

しかし、これは民団と対立する組織ではありません。ですから、民団とは友好関係を保つのに努力しています。たとえば、私どもの新年会などに、民団関係者を招待しています。そして、他の組織、たとえば韓国青年会議所では一緒に活動もしています。

ならば、民団に加入すればいいのではないでしょうか。

――現在、私たちも民団に加入できますが、根本的にオールドカマーとニューカマーとは抱えている問題が違います。まだ独自の組織としての韓人会が必要だと言えます。韓人会は、民団とは別の道を歩むべきです。

民団は先輩の組織なんですが、あまりにも理念的な組織です。過去には、総連との壮絶なイデオロギー闘争があったので仕方がなかったのかもしれませんが、今はイデオロギーの時代ではないです。オールドカマーには韓国と日本との歴史問題があって、つまりは日本の植民地政策の結果として日本に定着したのであって、今も日本とは厚い壁があるんですね。これに対し、私たちニューカマーは、自ら好んで日本に来ました。過去の歴史よりは、未来志向で、今そしてこれからも自分たちさらに子供たちが、日本にどのように定着していくかが問題です。過去にどのようにして定着してきたかではなく、これからどう定着していくかです。

これからは日本人と韓国人が仲よく暮らしていくべきだと思っています。といって、オールドカマーのように同化していっては困ります。日本の中に韓国文化を残して、対立よりも日本との共生を一番に考えていきたいです。私たちの存在は、多文化社会を築いていこうとする日本にとって、貴重であるとも言えるでしょう。

最初から、日本に定着する予定で日本に来られましたか。

——いや、それはないですよ。私だけではなく、皆そうだと思いますよ。金だけではなく、目標としていたものが達成されれば、韓国に戻るつもりだったでしょう。これも、流れなんですよ。商売を一〇年、二〇年続けている間に、子供が産まれ、ここが第二の故郷になってしまうんですね。皆、同じパターンでしょう。私の家族、父も母も兄弟も皆韓国にいるのですが、もう韓国へ帰国する意志はありませんね。

今後、日本に定着していくとおっしゃいましたが、将来日本国籍の取得までお考えですか。

——国籍問題は、非常にデリケートな問題です。私個人としては、取る予定はありません。しかし、これも時代の流れですね。昔は、日本社会には韓国人に対し激しい差別意識がありました。このため、ビジネスをするうえで、日本人でなければならなかったんです。ですから、通名を使ったり帰化する人が多かったんですが、今はよくなってあまり不自由は感じません。このまま韓国人として、生きていきたいですね。しかし、大きな企業をやっている人は、いろいろな問題から日本国籍を取るのは仕方がないと思います。

お子さんは、日本滞在が長くなれば長くなるほど、日本人化していくと思われますが。

——子供は、日本に住んでいるのですから日本の教育を当然受けさせましたが、韓国でも教育を受けさせ、アメリカでも教育を受けさせています。将来、日本に住む可能性は高いですが、日本や韓国にこだわらず、どこでも生きていけるようにと思い育ててきました。これから一〇年、二〇年後はわからないですけれど、子供も不便でなければ韓国国籍そのままじゃないでしょうか。

在米韓国人は、皆市民権を取るために努力していますが、これに対して、どう思われますか。

——アメリカでは市民権を取るため応援もしてくれ、取れば回りの人がみんなが祝福してくれます。しかし、日本に帰化すると、韓国人から裏切り者のようにまだ見られますね。これは、やはり韓国と日本との歴史問題、民族問題が原因でしょうか。

オールドカマーの三世以降のほとんどは、ワールドカップのサッカーの試合など、韓国よりも日本を応援していますが。

——それは、仕方がないんじゃないですか。日本で生まれ育てば、気持ちは日本人ですよ。それに、日本チームの方が、知っている選手が多くいますし。私も、日本滞在が長くなるにつれて、日本の正月が正月らしく、旧正月（韓国では、正月を旧正月のときに祝う）には何も感じられません。秋夕も同じです(2)。日本の風習に慣れてしまったんですね。子供は、特にそうでしょう。

先日正月に、大久保を歩き回ったんですが、そのとき、韓国店で正月の飾りつけをしているところは二、三軒しかありませんでした。これでは、日本人の店との違いを感じさせるのではないでしょうか。

——それは、ないと思いますね。最近は、日本人も韓国の文化を理解してくれていますから。日本の文化に合わせる必要はなく、自分たちの文化を守り日本で生きていけばいいのです。つまり、私たちと日本人との共生は、日本文化と韓国文化の共存と考えています。ですから、正月には日本人の客に、韓国のお雑煮であるトックッ（韓国の正月に食べる韓国式雑煮）を振る舞って、これが韓国の正月のとき食べるものだとお教えしています。これには、日本人は「美味しい」といって、とても喜んでくださいます。これが、国と国との付き合い、と言うよりもっと大事な人と人との付き合いじゃないでしょうか。

ありのまま、お互いを理解する。それで、いいんじゃないでしょうか。

最後に、大久保コリアンタウンの先駆者として、また韓人会の初代会長として、後輩たちにアドバイスすべきことがあれば、おっしゃってください。

——民族の誇りというのは、自分の心の中にある力です。これはあまりに強く表に出すものではありません。民族の誇りを全面的に出すとかえって反発をかい、日本人社会との摩擦の原因にもなります。これは、アメリカでもどこに行っても同じことです。民族の誇りは心の中に持つことによって、強い力として発揮することができるものです。表に出して見せびらかすものではありません。

日本・日本文化・日本人と対立するのではなく、相手の文化を尊重することによって自らの文化にも誇りが持てます。そうすることによって、韓国人としての誇りを持って日本社会で日本人と共存することができ、さらに地域社会の発展にも自然と貢献することができるでしょう。

後記：穏やかな表情に、まだ差別の激しかった頃に大久保にコリアンタウンを創り、自分たちの権益を守るため「韓人会」を創りあげて来た、という面影はなかった。苦労話を語らず、淡々と話す裏には自己の信念を守り通した強さが見え隠れするようだった。絶えず口にしていた「流れ」という言葉で、現実を受け入れ、日本人社会との対立ではなく、韓国人の誇りを持って、日本人社会と融和・共存し、生きていくのがニューカマーの道であると語ってくれた。三〇年以上日本で暮らした結果、得た答えであろう。そこに、ニューカマーの人生が感じられた。

2

韓国の理解を求めて韓国語の伝道師に――李承珉《イスンミン》

①二〇一三年一月十六日午前十一時　②東京都新宿区百人町新宿メイトビル二・三階　③有限会社DEKIRU代表取締役、新大久保語学院院長　④一九六六年三月一日　⑤一九九六年一〇月一日　⑥木浦、ソウル　⑦妻、息子二人　⑧新宿韓人発展委員会首席副委員長、在日本韓国人連合会理事長、現社団法人世界韓人貿易協会 World-OKTA 常任理事、OKTA-Tokyo 会長

略歴：ソウルでの会社勤めをやめ、新しい可能性を求め日本への留学を決心した。大学院で政治学を修め、やはり日本で大学院を出た妻と韓国語学院を開き、日本社会で韓国語を広める先駆者的役割を果たす。

日本に来られた理由は何ですか。

――大学を卒業して五年ほどソウルで広告会社に勤めていました。その間、仕事に自信を持ちはじめたんですが、このままサラリーマンで終わりたくない、と思いました。何か漠然と新しいことに挑戦したくなり、そのためには自分自身をより磨き実力を持たなければならないと考え、日本への留学を思い立

ちました。

なぜ、留学先が日本でしたか。

――私の弟が日本留学帰りで、また回りに日本に留学に行って帰って来た人がたくさんいました。その人たちは異口同音に、「日本はとても発達しており、日本人は親切で、日本で就職して日本で住みたかったが、それができずに帰ってきたのが残念だ」と言っていました。このとき、留学生たちの話に対して非常に違和感を覚えました。と言うのは、豊臣秀吉、日帝時代などの侵略の歴史があり、それを悪と認めない日本に対していい感情を持てないのが、一般の韓国人です。私も、それまで日本に対しては否定的でしたので、にわかには日本留学帰りの人の話が信じられなかったんです。

それで、まず自分の目で確かめようと、一度日本に来てみました。一九九五年のことです。来てみると、日本の街はとてもきれいで、日本人は親切で、日本留学帰りの人たちが言っていた通りでした。帰国後、どうしても日本人の精神的なものを学びそれを生かした仕事を韓国でしたいと思い、それで日本への留学を決心しました。

日本で大学院へ進み、政治学を勉強しました。韓国でも学部で政治学を勉強していて、研究テーマは地方自治でした。韓国は軍事政権が長く続いたため地方自治の歴史は短かったので、日本は韓国よりその方面の研究がずっと進んでいました。それを学び、韓国へ帰国してからそれを生かした道を進もうと思っていました。

ならばなぜ、日本に定着する気になられたんですか。

――語学研修の時期も含めて卒業するまで、一九九六年から二〇〇一年まで長く住んでいるうちに、日本に馴染むようになりました。大学院を卒業後帰国しようとも思いましたが、それより日本で自分のやりたいことをやったほうが、確実に自分の夢が果たせると思いました。自分のやりたいことが、日本にもっとあるように感じたので、まず、日本の会社に勤め、その後韓国語学院を開き、今もそれを続けています。

どうして韓国語学院ですか。政治学とは随分違いますね。

――大学院を卒業しアルバイト先の会社にそのまま就職したんですが、就職してからもボランティアで韓国語を教えていました。それが、二〇〇二年サッカー・ワールドカップ、日本人がやっと韓国に関心を持ち始めたときでした。韓国語を教えるボランティア活動で生徒を募集したら、非常に反応がよかったんですよ。それで、専門的に韓国語を教える学校を創ればビジネスになるのではと思い、始めたのが二〇〇二年六月、そのとき、会社を辞めました。

学院を始めるには、相当な資金が必要だったでしょう。

――最初からこのような所で始めたのではありません。最初は、妻と二人で小さなアパートを借り、部屋二つを教室にして始めました。妻は、一九九六年に日本に来て、一九九七年に私と結婚しました。韓国で日本語を専攻し、日本で博士過程を終えた者です。二人で学院を始めて、すでに十一年たちましたね。その間、二回引っ越しをしています。まず、学院を始めて五年ぐらいたって引っ越し、それから四年後に今の所を本部として引っ越してきました。二〇〇六年に新橋に分校を創り、さらに二〇一〇年に横浜・渋谷・池袋に、現在ここを入れて全部で五校あります。生徒数は全部で一五〇〇名ほどです。

月謝を払ってまで、そんなに多くの日本人が韓国語を習いに来るのですか。確かに、韓国語教育の需要

は世界的に増え続け、韓国語教育学科は、今ではブームとなり、多くの大学で新設されています。

――昔は韓国語を習おうという人は、あまりいませんでしたね。まして、金を払ってまで習おうという人はいませんでした。しかし、今は、韓国語を勉強しようという人が随分増えましたよ。

韓国文化に強い興味を持ち、韓国に旅行に行きたいとか、韓国に住んでみたいとか、趣味で習う人がほとんどで、仕事のためという人はまだ少数ですね。また、教養として英語にプラス韓国語という人が多いです。これは、過去に比べ日本における韓国に対する認識がよくなったせいでしょう。やはり、韓流ブームの影響も大きいと言えます。東京では、主要駅の近くには韓国語の語学院が必ずと言っていいほどありますよ。私が学院を創った一〇年前には、東京に四、五校ぐらいしかありませんでしたが、今は、韓国語を教えるところは全国至る所にありますよ。ボランティア活動まで含めると、日本全国にそれこそ数えきれないほどあるんじゃないですか。

先生は、最初は留学生も使っていましたが、現在は日本での留学を終え、専門的に教える人が多いです。また、直接韓国から募集して招請する先生も増えています。過去に比べ、先生方のレベルは比較できないほど高く、専門的になったと言えます。

韓国語の教材はどうしておられますか。

――教材は、早くから日本人に合わせたものを独自に開発しています。今では、毎年二、三冊刊行し、これは書店でも販売しています。

しかし、日本で韓国語を教えるにあたり、日本の右翼団体から妨害はありませんでしたか。

――それは、別にありませんでした。政治団体でもなく、韓国の文化を強くアピールするものでもなく、ただ言葉を教えているだけですから。

これからも、韓国語学院だけを続けていかれる予定ですか。

――他の仕事は考えたことはありませんし、これからもずっと韓国語学院を続けていくつもりです。そして、将来的には、韓国語だけでなく英語や他の語学も教え、語学の殿堂のようなものを作っていきたいと思っています。

永住権はお持ちと思いますが、日本国籍を取られる予定はありますか。

――一〇年前までは、日本人でないと銀行の融資などで問題がありましたね。しかし、今の日本には、私たちを含めて外国人が二〇〇万人以上います。彼らの努力により、今はあまり問題とならなくなりました。実績さえよければ、銀行からの融資も可能です。国籍で融資するかしないかを決めれば、差別にも繋がりますしね。

ですから、このままでも問題はないので、無理して帰化する必要性は感じないです。今も、韓国と日本を行き来しているので、韓国人としてこれからも生きていきたいと思っています。

アメリカへ行った韓国人は、市民権つまりアメリカ国籍を取り、韓国系アメリカ人として主導的にアメリカで暮らしていこうとしていますが。

――アメリカではそうですね。市民権を取ると、皆が祝ってくれますね。また、市民権を取るために支援もしてくれます。そして、市民権を取ることによって、アメリカの韓国人社会に正式に受け入れられます。これは、どこの国に行っても同じでしょう。

しかし、韓国と日本との関係は歴史的に特殊ですからね。日本で韓国人が日本国籍を取ることは、韓国人にも日本人にも歓迎されません。特に、韓国人社会からは国を裏切ったようにも見られ、韓国人として生き続けたい私にとって受け入れがたいことです。

さらに、日本の社会は閉鎖的なので、帰化するということは日本人になりきることであって、韓国系日本人にはなりえないのが現状です。その子供たちも同じで、そこに韓国系というのは残っていません。これは、私たちの先輩でもあるオールドカマーを見てもわかることです。韓国人として生きるか、日本人になりきるかです。

今、お子さんには、どのような教育を受けさせていらっしゃいますか。

――日本で住み続けることを想定して、日本の学校に通わせています。日本に住む限りは、完璧な日本語と日本の知識が必要です。さらに、韓国に住むことも想定して、家庭教師を呼んで韓国語も教え、家ではできるだけ韓国語を話すよう心掛け、休みの日には韓国に行かせ、韓国の文化に慣れさせています。将来、子供が、韓国と日本どちらでも住める環境をつくってやりたいと思っています。しかし、将来の国籍問題に関しては、あくまでも子供の選択を尊重するつもりです。韓国や日本に限らず、他の国の国籍を選択すると言っても、同じです。

大久保が、短期間のうちにこのように明るい観光地として発展しました。これから、どうなるとお思いですか。

――チャイナタウンのようにはならないと思いますよ。チャイナタウンは、閉鎖的な時代に中国人同士集まるしかなかった結果としてできた街です。今、世界はグローバル社会、多文化社会へ向かう傾向にあります。日本だけそれに逆らうことはできません。また、マスコミがコリアンタウンと宣伝しましたが、大久保は今でも人口的には日本人が圧倒的に多く、決して韓国人のコロニーではありません。それに、韓国人だけでなく、中国人、ネパール人、ベトナム人、インド人、さらにアジア系だけでなく白人、黒人、それこそ世界の人が住んでいる国際都市です。ですから、大久保はもっともオープンな街で、これからもそうでしょう。今は、政治的な問題から少し冷え込んでいますが、韓国人に勢いがあり韓国の店が多いため、コリアンタウンと呼ばれているだけです。しかし、これからは、普通に戻る可能性が高いと思います。

「普通」とおっしゃいますと。

——韓流ブームが落ちつくと、観光地でなく普通の日本の街に戻ると思います。もちろん、多くの韓国食堂は残り、国際性は維持されると思いますが、今までのように何もしなくても人が集まるのではなく、分散していくと思います。

大久保は、今、新しく入ってくるニューカマーの出発点となっています。つまり、ニューカマーの故郷として発展していくとは考えないですか。

——故郷と言うより拠点ですね。大久保が好きで来るのではなく、便利だから来るのです。現在、大久保に来れば、バイトは探しやすく、また外国人だといってアパートの入居を拒否されることはなく、日本語学校や専門学校も多いです。住みやすい、学校に通いやすい、働きやすい、の三拍子揃ったところです。この便利さがなくなれば、状況も変わるでしょう。

今後、ニューカマーが増え、そのうちにオールドカマーを数の上で上回っていくと思われますが。

——韓国の学生は、留学だけでなく、今どんどん海外に進出しています。過去のように韓国の大学を出て韓国の企業に就職するという時代ではなくなりました。日本だけでなく、アメリカ、中国、ヨーロッパ、東南アジア、それこそ世界中に進出しています。その中でも、日本が地理的にも文化的にも近いですから、これからもどんどん進出してくると思います。

これから、ニューカマーはどのように発展すればいいでしょうか。

――現在、海外在住の韓国人は国籍は別として、七五〇万人います。この日本にも一〇〇万人以上いると言われています。韓国籍（朝鮮籍を含めて）の人は六〇万人しかいないですが。それらをまとめる韓国の政府機関が、在外同胞財団です。そこが、毎年一回三〇〇〇人ぐらいの人を集め、「韓商大会」を開いています。それとは別に、私も常任理事に入っていますが、社団法人世界韓人貿易協会World-OKTAがあります。これは、経済人の集まりです。日本のオールドカマーはもちろん、アメリカ、中国などから、世界規模で集まって来ます。初代会長は日本のオールドカマーから出ました。日本はまだ、華商に比べて規模は小さいですが、これからこのような団体はますます発展していくでしょう。このように、日本や韓国だけでなく、ニューカマーも世界を相手に活動をすべきです。

しかし、ここで誤解してもらっては困るのは、これらの団体は韓国人同士集まって韓国に貢献しろというものではありません。世界の韓国人が助け合って生きていくことを目的とし、そしてその地域に貢献することを前提としています。自分の住んでいる地域が発展しなければ、自分も発展できません。これからは、韓国人、日本人というのではなく、世界市民として生きていくべきです。これから入ってくるニューカマーも、自分の生活を日本や韓国に限定するのではなく、日本・韓国を起点として世界に目を向けてほしいです。

さらに、国単位で見るのではなく、地域ごとに見るべきです。東京が自己の経済圏なら東京に、大阪が経済圏なら大阪に、また日本全国が経済圏なら日本国に、さらにアメリカまで自分の経済圏ならアメリカに貢献すべきです。世界市民的意識で、国籍に縛られる必要はないです。

日本に住んでいれば、韓国人としての民族性を保持するのは難しいと思われますが。

――オールドカマーとニューカマーとは、随分異なります。いろいろな理由があげられますが、オールドカマーのほとんどは韓国語を話せないし、韓国名も名乗らないです。それは差別に繋がっていたという歴史があったので、理解はできますが、やはり間違っています。今は、韓国人であることが差別の対象ではありません。そのため、韓国語の勉強をしてほしいし、子供にも韓国語を教えてほしい。韓国語を話すことが、民族性を保持する基本で、一番簡単な方法です。オールドカマーのように国籍が韓国でも言葉がわからなかったら韓国人とは言えません。アイデンティティはすでに日本なんですね。それでは、韓国人であるという意味はありません。

さらに、歴史教育を行う。韓国一辺倒ではなく、両国がわかり合える歴史教育です。これらをきちっとやることによって、自分が日本にいる意味を知り、韓国人であるというアイデンティティを保てるのではないでしょうか。

後記：落ち着いた口調で、韓国語の重要性を語る姿は、まるで韓国語の伝道師のように感じた。「韓国語の伝道は、韓国人にとって民族性の保持であり、また日本人にとっては韓国理解と多文化社会への実現である」という信念に、多角経営の多い大久保の経営者のなかで、韓国語一筋にやって来た意義を感じ取ることができた。さらに、韓国や日本という国単位にとらわれず、まず今、自分が住む地域に貢献することが大事であるとの世界市民的見解を示し、「現在日本に住んでいるので日本に貢献するのは当然で、日本国籍を持つから日本に貢献するのではない」という言葉に、国籍は意味がないように思われた。行動範囲を日本や韓国に限定するのではなく、日本、韓国を起点として、世界に目を向けてほしいという姿勢に、未来のニューカマーを見るような気がした。

3

日本が好きで日本を楽しむ——沈起連《シンギヨン》

①二〇一三年一月十七日午後五時　②東京都新宿区百人町、新大久保イニシャルハウス・アネックス一階（「豚ナム」）　③「豚ナム」経営者　④一九六一年七月一日　⑤一九九二年九月　⑥江原道　⑦夫、娘二人

略歴：日本旅行をきっかけに日本が好きになり、日本へ定着し一貫してサムギョプサルの店を経営してきた。その間日本人と結婚し、二人の子を持つ主婦でもある。しかし、日本国籍を拒否し、韓国人として生き続ける。

日本へ来た動機は。

――最初、友だちと旅行に来て三ヶ月滞在し、韓国に帰国しました。そのとき、日本はとても魅力的な国だと思いました。外国も初めてだったし、日本は韓国に比べ非常に発展していました。見るものすべてが綺麗に感じられ、とても日本が好きになりました。韓国に帰国した後、日本へもう一度行きたいと思い続けました。それで、機会があったので再び日本へ来て、現在です。

この大久保に来られたのはいつですか。

――ここでは、まだ日が浅く、一年しかたっていません。それまでは、中野でずっとお店を開いていました。

日本人と結婚したとうかがいましたが。

――中野で焼き肉屋を経営しているとき、知り合って結婚しました。

焼き肉屋とおっしゃいましたが、昔からあるオールドカマーがやっているような焼き肉屋ですか。

――いえ、違います。韓国式のサムギョプサルなどですね。私は、日本に来てずっと、このような焼き肉屋をやって来ました。

いつ、始められましたか。

――元々、日本人には馴染みがなかったのですが、大久保辺りで流行りはじめ、日本人が韓国に興味を持ち始めたときでした。

でも、韓国でお店を経営されたことはないでしょう。難しくありませんでしたか。

――サムギョプサル自体は、家庭でも簡単に食べられるものなので、料理自体はそんなに難しいものではありませんでした。しかし、慣れない肉の仕入れなどで、最初は随分苦労しました。

日本人と結婚なさいましたが、国籍はどちらですか。

――もちろん、韓国です。

もちろん、ですか。ご家族の皆さんは、日本国籍でしょう。

――ええ、そうです。夫は日本人ですし、二人の子供も日本国籍です。ですが、夫のため、子供のために国籍を変える考えはないです。私の人生は私のもので、やはり韓国人としてこれからも生きていきたいです。

アメリカに行った韓国人は皆、市民権、日本でこれは国籍に当たりますが、これを取るため努力を惜しまないですね。日本では、どうしてそうならないのでしょうか。

――私の場合、一番大きな理由は、自分の国に帰るとき、外国人扱いをされるのがつらいからです。将来も韓国に完全帰国するつもりはないですが、家族とまたは自分一人でも一時帰国のために空港に降り立ったとたん、外国人扱いをされるのが嫌です。入管の前で外国人と韓国人の並ぶ列があるじゃないですか。そのとき、自分が外国人の列に並ぶと想像しただけでもぞっとします。もし、アメリカに行けば雰囲気もあり、私も市民権を取るかもしれません。また、日本という国は特殊な国ですから。

やはり、韓国と日本との歴史問題ですか。

――それもありますが、それより何か目に見えないものがあります。たとえ日本に帰化しても、日本人は私を真の同胞として受け入れないでしょう。アメリカは、いろいろな民族が集まり、差別はありますが市民権を取れば同胞として受け入れてくれます。日本は差別以上に区別があります。この壁は乗り越えるのが難しいでしょう。特に、民族性を残したまま乗り越えることは無理でしょう。

旦那さんやお子さんは、日本国籍を取ってくれとおっしゃいませんか。

――それは、言いません。

これからも、ずっと外国人として住み続けるおつもりですか。

――そうですね。

お子さんたちの将来は。日本国籍ですから、そのまま日本人になっていくと思いますが。

――しかし、韓国人の血が半分流れていますから。将来韓国と日本、どのように考えていくのでしょうかね。それについては子供が小さいのでまだ話していませんが、ゆくゆくは話していかなければならない問題でしょう。

これから、ニューカマーたちは、また大久保はどのようなコロニーを形成していくと思われますか。

――最近、少し飽きられてきたと思われます。二年前までは韓流ブームにも乗ってすごかったですが、「タケシマ問題」や、嫌がらせデモなどで、どんどんこの街の賑わいが廃れてきました。しかし、「タケシマ問題」や、嫌がらせデモは一つの契機であって、今までが賑わいすぎたのです。何年かして韓流バブルが綺麗に取り除かれ、落ち着いた街として残ると思います。そして、今のようにコリアン一色ではないでしょう。もっと国際化した街になると思います。街を歩いていても、今でも中国人や他の外国人を多く見かけますから。

ニューカマーの一世は韓国の民族性を保ち続けるでしょうが、二世三世はどうなると思われますか。

——民族性を保つのは、難しいと思いますよ。日本の国は同化しない異民族は受け入れないですから。国が政策で同化を進めなくても、日本の社会は同化を強いる社会ですから。つまり、日本政府が受け入れないのではなく、日本人社会が受け入れてくれないでしょう。さらに、大久保ですが、今、コリアンタウンとして観光地化されていますが、ここに来れば、韓国の物が何でもありそして安いから来るのであって、これもいつか飽きられるでしょう。また、観光地化するには政府や地方自治体の後押しがなければ駄目です。今のように、商店街の経営者たちの努力だけでは駄目です。選挙権もない者たちが集まっている街に、どんな政治家が税金を使おうとしますか。私たちから税金を取るだけです。

だからこそ国籍を取って、選挙権を持ち、自分たちの主張を述べ、主導的に日本で生きていくべきではないでしょうか。

——そうかもしれませんね。私自身、もう国には帰れないでしょう。韓国社会では生きられません。昔の友だちに会っても、考え方が全然違います。また、生活習慣も異なり、韓国に長くいると息苦しく感じます。この先、日本に住むしかないでしょう。それなのに、日本へ帰化しようと思わないのは、自分でも矛盾していると思いますよ。

子供たちに、韓国や韓国語を教えたくありませんか。

——はい。しかし、今はほとんど教えていないですね。両親が韓国人の家では、家で韓国語を話しますが、私の家は夫が日本人ですから、家の中でも自然と日本語ですね。子供たちは、韓国語に触れる機会がないですね。これは、両親が韓国人の場合も結局は同じじゃないでしょうか。子供たちは、いくら家で韓国語をしゃべっても、外では学校・友人・情報・遊びなど、すべて日本語の世界で生きています。

在日（オールドカマー）と同じように同化され、帰国して韓国で暮らすという選択肢はないでしょう。そして、いつかは帰化するのではないでしょうか。そこには、韓国のアイデンティティは残っていないでしょう。さらに、現在のような大久保コリアンタウンを維持していくためには、韓国・韓国文化を知る新しいニューカマーが、連続して韓国から移住して来なければならないでしょう。これは、十分に可能です。今、韓国人が海外に多く出て行きますし、それに日本は近い国ですから。

ニューカマーたちは、子供たちに韓国・韓国語を教えるのに努力しています。問題は、個人の努力によってのみなされているという点です。つまり、経済的に困難な人にはできないということです。

――過去の在日（オールドカマー）は生活に追われ、子供の教育に構っていられなかったのが実情だったと思います。現在、経済的にニューカマーは過去の在日に比べ裕福ですが、この大久保は別として、大きなコロニーを形成するのではなく分散して住んでいるので日本社会に取り込まれ、やはり民族性を保つのが非常に難しいでしょう。問題は、いかに少しでも民族性を残せるかということです。そして、その民族性が、日本社会と対立するのではなく、いかに融和していくかです。

店を経営しながら、国籍が韓国ということで、難しいことはありませんでしたか。

――それは、なかったです。

お客さんは、日本人ですか。

――はい、九〇％以上が日本人です。ですから、味も日本人向きに少し変えています。辛さを抑えて、甘みを出しています。

そうでしょうね。久しぶりに大久保に来て韓国料理を食べたのですが、どうもいただけないですね。

あっさりとした淡白な味が消え、甘ったるく濃い味に変わりました。失礼な話で申し訳ないです。

——失礼ではないです。確かに韓国から来た人は、嫌がりますね。しかし、仕方がないことです。日本にある中国料理もそうでしょ。本場の中国人に言わせれば、まったくの日本料理です。しかし、中国料理として残っています。ですから、日本において韓国料理をいかに残すかです。そのまま残そうとするのは、無理な願いで、傲慢な考えとも言えます。日本文化と融和することが大事です。私たち韓国人だけが住んでいる街ではなく、ましてここは日本です。

ところで、韓流ブームは、どんな影響を与えましたか。

——もちろん、大久保は賑わいました。そして、私たち韓国人を見る日本人の目が優しくなったような気がします。接し方も柔らかくなりました。特に、かつて中年の女性のほとんどは、韓国・韓国人を嫌っていましたから。それは、本当に感情的なものでした。日本人の韓国人嫌いは、ほとんどが感情的なものですが。問題は、感情的に嫌いなのは、直すことができないということです。しかし、ヨン様のおかげで、それがガラッと変わりました。

大久保の他の店の人との付き合いはありますか。

——もちろん、しょっちゅう会いますよ。何かあれば、お互いに助け合います。しかし、最近は競争が激しく、お互いの関係にも緊張感がありますね。このため、全体として、つまり大久保の発展について話し合いの場が持てないのが、残念です。特に、今は難しい時期ですので。

これから日本へ来るニューカマーが日本に定着するためのアドバイスがあれば、話してください。

——日本人はなかなか心を開いてくれないので、本音で接することは難しいです。それでも、本音で接するよう努力してほしいです。そうすることで、この日本に定着することができると思います。

と言っても、韓国人同士のときのように、最初から身の上話をしたら、むしろ「どうして見ず知らずの私に、そんな話をするのだろう」と思われ、重く思われます。韓国人との付き合いのように、すぐに親しくなれると思ったら間違いです。ゆっくりと時間をかけ誠意をもって接すれば、いつか本音の付き合いができます。そして、本音の付き合いができれば、その人は本当に信頼できます。

後記：ニューカマーとしては珍しく、ジャパン・ドリームを夢見て来た者のようにギラギラした欲望がなく、淡々と店を経営している印象を受けた。日本での生活を楽しんでいるようでもあった。そして、日本人の夫と日本国籍の二人の娘を愛し、日本社会の中にすっぽり埋もれて住んでいる。それにも関わらず、韓国人として住み続ける不思議さをも見せた。絶えず口にしていた「日本との融和」から感じるように、そこには、自分は「韓国人だ」という肩をいからした姿ではなく、「韓国人として暮らしたい」という自然体な姿勢があった。唯一、韓国との繋がりがサムギョプサルの店「豚ナム」で、彼女にとって「豚ナム」は、金儲けでなく、自分のアイデンティティを保つ手段のようにも思えた。彼女の中に韓国と日本の対立はなく、ただ韓国人が日本に住んでいる、それだけであった。韓国と日本の間にいつも壁のようにそびえ立つ政治・歴史問題を取り外した未来を見たような気がした。

4　大久保を起点として世界ドリームを——李《イ》 忠基《チュンキ》

①二〇一三年一月十八日午前十一時　②東京都新宿区百人町（「東海本家」）③株式会社東海代表取締役　④一九六五年一月三日　⑤一九九二年八月　⑥馬山　⑦妻、息子二人　⑧在日本韓国人連合会理事長、現在、在日本韓国人連合会顧問

略歴：韓国で大学を卒業後、「金を儲ける」ため日本へ来て、来日と同時に経済活動を始める。韓国食堂、韓国食料品店、韓流関連グッズなど、次々と事業を広げ、今はフローズンヨーグルトで世界を相手にビジネスを計画中。

なぜ日本に来られましたか。

——私は日本に金を儲けに来ました。目的は勉強するためでなく、日本で金を儲けることでした。

金を儲けるなら、むしろアメリカン・ドリームじゃないですか。

——韓国で大学に通いながらあちこち色々な国々に行って来ました。中国、台湾、東南アジアにも行きましたが、特に日本に来てみて驚くことが多かったです。十五日間の観光ビザで十三日間アルバイトができましたが、それで学費が稼げるほどでした。十三日間大阪近郊にある自転車組み立て工場で働きま

した。宿舎と工場を行ったり来たりしていたとき、毎日通う道が狭い空間にも関わらず、綺麗に木が植えてあるのに気付きました。河川も整備されており、まさに先進国だ、とそのとき感じました。さらに、当時はまだ韓国と日本は経済的格差が大きく、日本で働けば金になると思いました。それで、大学を卒業しても韓国で就職せず日本に来ました。

初めは、どこに就職なさいましたか。

——就労ビザは出ませんから、日本の大学に入り、就学ビザで日本に来ました。最初は、大学に通いながら工事現場で働きました。最初に工事作業員をするのが一番いいです。言葉がわからなくてもすみましたし、そこで、いろいろなことを学ぶことができました。ですから、店を始めたとき、水道が故障しても人を呼ばずに自分で直しましたし、今でも、電気もすべて、簡単なことは自分で直します。そのような技術も、工事作業員をしながら習いました。韓国で軍隊に行くのと同じで、軍隊に行ってきた者は簡単なことは何でも自分でできます。

オールドカマーと比較して、自分たちをどう思われますか。

——私たちは、日本に住んでも、子供たちを日本語だけしか話せない人間に育てたくありません。たとえ日本で生まれても、子供たちには韓国語を習わせなければ駄目です。韓国語を習うことによって、韓国の意識が生まれます。言葉を日本語から習うため、韓国を忘れるのです。

確かに、オールドカマーの問題点は、国籍だけ韓国でその他はすべて日本ということです。

——それは、子供たちの言葉の教育から失敗したと言えます。まさに、言葉の問題だと考えます。中国人は、日本に住んでも自国語から学ぶので、外国で長く暮らしても民族意識が強いです。民族意識の根本が言葉です。

オールドカマーの時期は、生きていくのが大変な時期で、子供の教育まで手が回らなかったのが実状でしょう。

――昔は、生活が苦しいだけでなく激しい差別の時代だったので、子供に韓国語を教育する余裕がなかったことは、理解できます。私も僑胞（在日韓国・朝鮮人）から話を聞いたことがあります。両親が朝から晩まで働いて、いつも家に一人でほったらかされていたので、韓国語はもちろん、韓国についても教えてくれる者は誰もなく、自然と日本語だけ使い日本の文化の中で暮らした、と。彼らは貧困と差別の中で育ったので、その反発からむしろ私たちより民族意識は強いかもしれませんが、言葉が話せないからそれは空回りするだけです。

先輩たち（オールドカマー）の状況と、今の私たちの状況とは大いに違います。（オールドカマーの）二世や三世と接する機会は多く、青年商工会などに出れば会えます。彼らとゴルフなどをよくやりますが、今は、青年商工会の会員の半分ほどがニューカマーです。そのとき、同じ民族なのにどうして文化がこんなに違うのかといつも感じます。彼らの思考方法は日本人と同じです。このため、日本人との間で生じるような誤解が、私たちと彼らとの間にも生じます。

民団は長い歴史を持ち日本全国に支部がある組織です。このままでは、潰れる可能性もあるでしょう。問題は、二世三世の同化とともに、後継者がいないということです。

――私たちは、民団とは別に韓人会を組織していますが。（オールドカマーの）一世代の人たちは、民団を民族意識を持って作り運営してきました。そのため、民団とは一つにならなければならないし、また別の組織と考えたこともないです。在日（オールドカマー）組織の中の一つに、嶺南《ヨンナム》出身者によって作られた嶺南商会というものがあります。これも後継者がなく、先輩（オールドカマー）から私たちも青年部に入るよう勧められ、今、その活動もしています。同じように、将来的に民団にも私たちは入っていくべきでしょう。私たちが僑胞が作った組織を乗っ取るのではなく、韓国・韓国語を身につけた私たちが民団に活力を与え、一緒になって組織を発展させていかなければならないと思っています。

　そのとき、韓人会が非常に重要な位置を占めるものと、私は見ています。つまり、韓人会は現在バラバラになっているニューカマーを、一つに集める役割を担っています。韓国語を話し韓国の考え方や文化を知る我々と、日本を知り確固とした基盤を待つ民団の人々とが合わされば、大きな力になると思います。このためには、一つの組織にならなければなりません。

自然の流れとしてゆくゆくはニューカマーからも民団の会長が出てこなければなりません。

——ニューカマー、オールドカマーと区別するのではなく、韓国人が会長を続けていけばいいのです。

これからも、韓国から日本へたくさん人が来るでしょうか。

——現在、留学や語学研修、さらにワーキング・ホリデー・ビザでたくさんの韓国人が来ています。ただワーキング・ホリデーに関しては、日本がいつまでも多くの韓国人を受け入れないでしょう。オーストラリアもこの数年間でワーキング・ホリデー・ビザでたくさんの韓国人を受け入れましたが、十分な数になったとオーストラリア政府は判断し、最近制限し始めました。日本も近いうちにそうなるだろうと考えます。

　今は円高のために、たくさんの日本人が韓国へ行きますが、いつまでも続くものではなく、円安になれば反対にたくさんの韓国人が日本へ来ると思います。過去には、円高なので金儲けのために日本へ来ましたが、現在は円安なので、韓国から投資のため日本へ来るでしょう。大久保で商売する人も、過去は裸一貫で始めましたが、最近は韓国から資金を持ってきて始める人も多くなっています。ですからこれからも、日本へ韓国人は集まって来るでしょう。

ニューカマーというより、これからの大久保の役割は何でしょう。

――ここで私たちは、自主的に、先輩たちが作ってきた食文化を発展させ、さらに色々な分野において成功をおさめて来ました。私も、食堂だけでなく食料品も扱ってきましたが、これからは文化芸術分野にも取り組もうと考えています。現在、韓流のメッカとしてここ（大久保）に韓国人が集まっていますが、今後は韓国人が色々な所に分散して住み、日本社会に溶け込みながらそこに韓国文化を植え付けていくべきです。そして、大久保は、日本での韓国文化の発信地となっていくでしょう。これは、単に韓国文化の問題でなく、日本文化を多角的に発展させるかどうかの問題でもあります。過去において、日本文化が、古代から大陸や韓半島文化を、近代には西洋文化を受け入れて発展してきたように。

韓流はこれからも続くと思われますか。

――韓流というものは文化の一部分で、人為的に作られたものではありません。なくせと言ってなくなるものではないでしょう。このような文化は、ある程度粘り強く続いていくと考えます。もちろん、昨年のように韓流熱風が吹き荒れることは、今後ありえないと思います。中国文化も日本文化も偉大で見習うべき文化ですが、韓国の人々もさらに自分たちの文化を研究し発展させるでしょう。韓国の人々はパワーがあります。たとえば、韓国歌謡の歴史は日本に比べ短いですが、発展させるのは速かった。韓国は小さな国にも関わらず現在中国や日本と一緒にアジアを主導しているように、文化的にも主導していくと考えます。また、韓流は突然、アジアだけでなく世界に急激に広まりましたが、韓流自体は突然始まったのではありません。長い準備期間を経て、つまり基礎を固めたからこそ、今の韓流があるのです。これを契機として発展し続け、アジア時代を主導すると見ています。その流れとして、この街（大久保）も維持されるでしょう。

このような日本において、韓国のニューカマーが成功することは、驚くべきことだと思います。その点で、韓流はどのような影響を与えましたか。

――マスコミが、まず韓流の門を開きました。日本経済がよくないので、放送やドラマへの投資が忌避されてきました。これでは当然いいものが作れません。そこで、韓国ドラマが日本人に受け入れられると考えられて輸入され、日本において今の位置を占めるようになったと見ています。

韓国ドラマの人気が出たので映画さらに音楽が入ってきました。それは、瞬く間に日本全国を席捲したと言えます。これが韓流です。これと一緒に、韓国の食文化が日本人に新しい楽しみを与え、それにつれその他の韓国文化も理解されるようになりました。韓流は、日本の閉鎖性を打ち破るものでした。

しかし、私たちの中で、韓流だけに乗って日本で暮らしていこうと思っている人はいません。いつかは韓流が終わるでしょう。だからと言って、私たちも商売をやめるわけにはいきません。この街は、元々韓流によって作られたのではありません。韓流の前から賑わっていました。私が、韓国式刺身の店「東海本家」を開店したのは、二〇〇二年ワールドカップの一年前の二〇〇一年です。そのときまで、韓国から資本を持って始める人はいなかったのです。

そのときは、まだ皆小規模の商いでしたが、私は韓国に一度戻り、日本に再度来たとき本格的に日本に投資をしようと思い、韓国にある家を処分し店を始めました。運がよかったのかちょうどワールドカップがありました。二〇〇二年は、貿易する人々も活発に事業を展開し、すべてが繁盛した時期でした。それとともに日本のマスコミがこの街を紹介し、さらにテレビや雑誌で韓国演芸や文化が紹介され、日本人が高い関心を示し始めました。その影響が大きかったと言えます。ワールドカップが終わって五年ほどは、バブルのようにとても景気がよかったです。そのとき、韓国の食堂街が形成されていきました。職安通りと大久保通りだけでなく、この二つの通りを結ぶ路地まで食堂街が形成され、いつしかコリアンタウンと呼ばれるようになりました。私たちが最初にそう呼んだのではありません。マスコミが最初に名付け、日本人が自然とそう呼ぶようになりました。

ところで、これからもずっと日本に住むおつもりですか。

——わかりません。今後どんな状況になるかわかりませんが、私の居住場所は仕事によって決まるでしょう。我々の世代は、教育のために子供をいろいろなところに送ります。子供たちのためにここで日本国籍を取って、というような考えはありません。韓国で生きようとすれば韓国の大学に送り、日本に住もうとすれば日本の大学に送るでしょう。

日本での永住権を持っていると思われますが、日本国籍を取得する考えはありますか。

——ありません。日本国籍を取得する理由がないでしょう。

もし、アメリカだったらどうなさいますか。

——もしアメリカなら市民権を取るでしょう。アメリカの市民権に対して、韓国では見る目が違います。

事業のため日本国籍が必要なら仕方がありませんが、今、そのような状況でないので、日本国籍を取る考えはありません。

奥様とは、日本で結婚なさったのですか。

――家内も、こちらに来て一〇年ぐらいになります。日本でも勉強した写真作家です。現在、ここで写真スタジオを経営しています。

お子さんたちは。

――まだ五歳と二歳です。

お子さんの将来を考えたとき、日本国籍なら国会議員にもなれるし、主導的に日本で暮らしていけるのではないでしょうか。

――うちの子はアメリカ国籍です。アメリカで生まれましたので。私たちの世代は、子供たちを韓国国内で育てなければならないという意識はありません。今、韓国人の多くが外国に出て行っています。しかし、外国で暮らさなければならないから、そこの国籍を持たなければならないという意識もありません。先輩たちとは考え方が違います。韓国の人々は教育熱が非常に高く、私も子供のときから英語を習わされました。今は、英語・中国語・日本語を基本的に習わなければならないと考えています。

最近、韓国には新しい教育文化が生まれました。子供の頃から中国や日本に行かせるのが流行っています。しかし、単に中国や日本へ送るのではありません。たとえば、中学生のときから子供を中国に送り大学まで行かせます。その中国で日本語や英語もある程度勉強させます。中国で在学中または卒業後、一年ぐらい日本へ、さらに一年ぐらい英語を学ばせるため英語圏の国へ送ります。過去に、本国韓国を起点にして他国に語学研修に送っていたのが、今や中国、日本、またはアメリカを起点として語学研修のため他国に送っています。言語習得のためのシステム化が進んでいます。このような教育文化の中で生きる人々が韓国人です。そのような意識の中で考えれば、国籍は意味がなくなります。

しかし、今後も、日本に住むことになると思われますが。

——私が日本にいるか韓国にいるかは重要だと考えていません。私にとって重要なのは経済活動ができる都市がどこであるかであって、国がどこであるかではありません。昔は、日本人と韓国人は国民国家観に縛られ、国が重要でした。もちろん、国が必要でないと言っているのではありません。韓国は私の祖国ですので貧しければ悲しく、豊かな国になってほしいといつも願っています。日本は私が暮らしている国で、もっと発展し暮らしやすい国になってほしいと願っていますし、そのために私も日本に貢献しなければならないと思っています。そのような意味で国という単位も重要です。

しかし、経済活動は国よりも都市が重要だと考えます。私がどの都市で住み事業をするかは、より利点があるかで決まります。今は、韓国と日本を行き来するのに二時間もかかりません。世界はどんどん縮まっています。私は、経済活動をするにおいてどこが一番適しているかを重視します。それは、東京か、大阪か、それともソウル、LAかもしれません。そして、事業の拠点はその都度その都度、変わっていきます。そのとき、国籍に意味はなく、縛られていてはむしろ経済活動の邪魔です。

全国的に江南《カンナム》スタイルのような店を広げるお考えは。

——私が今やりたいことは、フローズンヨーグルトです。

それは、何ですか。

——韓国の人々が日本でやる商売は韓国と関連する化粧品や食堂、韓流グッズなどですが私が今考えているのは、「ヨーグルトアイスクリーム」です。韓国のイメージはなくインターナショナルなものです。アイスクリームは、人々は幼いときは好んで食べますが、最近は太るからと大人は食べるのを控えようとします。ところが、私が考えるフローズンヨーグルトは、太らないようにする乳酸菌がたくさん入っていて、大人たちが好んで食べるものです。

私がはじめて見たのはアメリカでしたが、この製品の原料であるパウダーをどこで作るのかといえば、それが韓国なんですよ。韓国が本国で、全世界にフランチャイズを展開しています。うちの子がLAに行ったとき、人々が並んでいるので、あれは何かと尋ねたところ韓国からきたとのことでした。日本でも人気があり専門店もあります。これを、全世界を対象にして販売しようと、昨年ブランド化しました。Cafe Happy time と。

韓国ではなく、日本を起点として世界ですか。今後も、韓国からのニューカマーが増加する傾向ですが、彼らに対して話されたいことがあれば。

——私は使っている者にいつもこう言います。「五年という期間で、一〇〇〇万円を貯めろ」と。もちろん、五年かからない人もいますが、十人に一人ぐらいしか貯めることができません。これを達成した者が、成功する資質がある者だと考えます。自分自身をコントロールでき、使うところは使っても貯金できる計画性のある人が事業に成功します。一ヶ月に二〇万円貯めれば、四年で一〇〇〇万円を貯めることができます。しかし、四年間で一〇〇〇万円貯めた人はほとんどいません。計画的でないからです。計画を立てられる人は成功します。日本に来れば、酒も飲みたいし、彼女を作って遊びもしたいでしょう。しかし、計画もなく、遊びを優先していては成功しません。

後記：最初に出た言葉は「日本へ金を儲けるためにやって来た」で、工事現場から仕事を始めたという。何とも迫力がある人だな、というのが第一印象であった。そこに、自分の信念を曲げようとしない頑固さが感じられた。印象とは反対に、「カンナム・スタイル」が世界的に流行する前に、店の名前として使ったり、韓国料理のバイキングを始めたり、今はフローズンヨーグルトで世界に飛び出そうとするなど新しいものをどんどん取り入れていく、思考の柔軟さを持つ、新進気鋭の実業家である。彼は、ジャパン・ドリームを追って日本に来たが、今、日本を起点として世界ドリームを夢見ている。彼にとって、日本は単なる経済活動の場であり、しかも活動の場はこれから世界に広がっていくであろう。日本や韓国という国単位ではなく、世界を一つと見て各地の都市を拠点として動くとき、国籍は意味をなさず、ただ韓国人である自分が経済活動をするだけであった。

5　韓国文化を発信する韓国文化の伝道師——申尚潤《シンサンユン》

①二〇一三年一月十九日正午　②東京都新宿区百人町 K-PLAZA 一号館六階　③株式会社シン・イン

郵便はがき

料金受取人払

板橋北局
承　　認

1047

差出有効期間
平成28年7月
31日まで
(切手不要)

1 7 4 8 7 9 0

板橋北郵便局
私書箱第32号

国書刊行会 行

フリガナ ご氏名		年齢	歳
		性別	男 ・ 女
フリガナ ご住所	〒　　　　TEL.		
e-mailアドレス			
ご職業		ご購読の新聞・雑誌等	

❖ 小社からの刊行案内送付を　□ 希望する　□ 希望しない

愛 読 者 カ ー ド

❖お買い上げの書籍タイトル：

❖お求めの動機
1. 新聞・雑誌等の公告を見て（掲載紙誌名：　　　　　　　　　　　　　　）
2. 書評を読んで（掲載紙誌名：　　　　　　　　　　　　　　　　　　　　）
3. 書店で実物を見て（書店名：　　　　　　　　　　　　　　　　　　　　）
5. 人にすすめられて　5. ダイレクトメールを読んで　6. ホームページを見て
7. ブログやTwitterなどを見て
8. その他（　　　　　　　　　　　　　　　　　　　　　　　　　　　　　）

❖興味のある分野に○を付けて下さい（いくつでも可）
1. 文芸　2. ミステリ・ホラー　3. オカルト・占い　4. 芸術・映画
5. 歴史　6. 宗教　7. 語学　8. その他（　　　　　　　　　　　　　　）

＊通信欄＊　本書についてのご感想（内容・造本等）、小社刊行物についてのご希望、編集部へのご意見、その他。

＊購入申込欄＊　書名、冊数を明記の上、このはがきでお申し込み下さい。代金引換便にてお送りいたします。（送料無料）

書名：　　　　　　　　　　　　　　　　　　　冊数：　　　冊

❖最新の刊行案内等は、小社ホームページをご覧ください。ポイントがたまる「オンライン・ブックショップ」もご利用いただけます。http://www.kokusho.co.jp

＊ご記入いただいた個人情報は、ご注文いただいた書籍の配送、お支払い確認等のご連絡および小社の刊行案内等をお送りするために利用し、その目的以外での利用はいたしません。

ターナショナル代表　④一九六七年一月十六日　⑤一九八九年四月二日　⑥ソウル　⑦妻、息子、娘
⑧在日本韓国人連合会理事長、現在日本韓国人連合会顧問、社団法人在日韓国農食品連合会会長

略歴：アメリカに留学する予定が、日本に定着する。日本においてはじめて韓国式焼き海苔を生産販売し、それに加え韓国の食品全般を日本人に紹介。さらに、大久保でMBC＋USTREAMスタジオを運営し、大久保を名実ともに韓国文化の発信地とし、日本人に韓国文化を理解させるのに努めている。

このスタジオは何ですか。立派ですね。向こうには、舞台もありますね。

――MBC＋USTREAMスタジオです。韓国放送局MBCと提携し、ここからインターネットの韓国放送をやっています。資金は、韓国放送局MBCから出ています。ここに韓流スターを呼んで、公演もやっていますよ。オープンのときは、韓国から韓流スターのSISTARを呼んで、公演しました。映画料金と同じ価格で、韓国の音楽ショーを楽しんでいただけます。日本での韓国文化の発信地を目指しています。ここを通して、マスコミに流れている韓流だけでなく、韓国文化をいろいろな角度から発信し、韓国文化を総合的に日本人に理解してもらいたいと思っています。最終的には、韓日の総合理解に役立てばと。

このスタジオは、いつオープンなさいましたか。

――二〇一二年十一月にオープンして、まだ二、三ヶ月しかたっていません。もともと、映画やイベン

トが好きで、日本においても映画の勉強などをしていましたから、採算とは関係なしに一番力を入れているのが、このスタジオです。ここで何かを製作するのではなく、ここから韓国のものを発信するのが目的です。つまり、ここを中心としたネットワークを作ることです。もちろん、ここだけの力でなく、マスコミにも協力していただいて、その中心になっていきたいと思っています。

今回、NHKの「紅白歌合戦」に、韓流スターは誰も選ばれませんでしたね。

――自然の流れに任せるしかないです。しかし、韓流は一時的なブームではなく、もう一つの文化だと言っても過言ではありません。日本で、一度受け入れられたんですから、いくら押さえようとしても無理です。六〇、七〇年代、まだ日帝時代を恨み反日感情が強かった時代であったにも関わらず、日本文化は韓国に入っていきました。文化が優れていれば、それが入ってくることは政治で防ぐことができません。まして、韓流スターのレベルは高く、はっきり言って日本のアイドル・スターを圧倒しています。これからも、私たちのスタジオから韓流を発信していきたいと思っています。

順序としては、本来は一番最初の質問なんですが、日本にはなぜ来られましたか。

――最初は、やはり留学ですね。日本へ来て、次にはアメリカに行こうと思っていました。しかし、学校に通い、事業を始めてしまったので、このように日本に定着してしまい、アメリカに行く機会を逃してしまいました。でも、日本において、このスタジオもそうですが、やりたい仕事がたくさんあります。今は、満足しています。

最初は、どんな事業を。

――今もやっているのですが、食品関係です。海苔の工場で、原料を韓国から持ってきて、ここで加工するわけです。日本で人気のある胡麻油を塗って塩をふった韓国式焼き海苔です。これを日本のスーパーに卸しています。大久保や韓国の店には卸していないです。

日本で最初にこの焼き海苔を生産販売したのが、私です。それ以外にも、韓国食品、ビビンパ、コチュジャンなど、韓国食品全般を扱っています。焼き海苔のようにこちらで生産するものもありますし、韓国から直輸入するものもあります。また、キムチ餃子、唐辛子チョコレートなどの新製品も扱っています。さらに、日本の人々にアピールできるように『チャングムの誓いサムゲタン』、『チャングムの誓いユッケジャン』など、「韓流」をブランド化することに力を入れています。[3]

大久保を離れ、日本全国に海苔を広め、さらに世界に進出するということも考えていらっしゃいますか。

――外国への進出は考えていません、海苔が受け入れられる国は限られていますので。今は、日本国内でのシェアを広げていくのに精一杯です。十五年もやっている仕事です。また、食品だけでなく、韓国の化粧品も扱っていますので。

過去に、韓国の女性は日本に来れば、必ずカネボウや資生堂の化粧品を買って帰りましたが。今は韓国製品が日本で信頼されているということですか。

――そうですね。過去において、日本人の韓国に対するイメージは非常に悪かったので、いくらいい商品でも韓国製だといえば売れなかったですね。まして、化粧品などが売れるとは想像もしなかったです。今は韓国の化粧品は信頼されていますね。化粧品の店を始めてまだ一年半にしかならないですが、価格も手頃で競争力があります。しかし、韓国の商品で競争力があるのが、それ以外には食品と韓流関係のグッズだけで、まだ韓国の商品に対する日本人の評価は高くありません。今、大久保には私の店を含めて、化粧品を扱っている店舗が四〇ぐらいあります。これらを通じて、韓国製品全般が日本において信頼されることを望んでいます。

今、お子さんはおいくつですか。

――小学一年生と三年生です。インターナショナル・スクールに通わせています。

そしたら、英語ですね。韓国語はできますか。

――もちろん、できますよ。家では韓国語を使いますので、韓国語で考えていますね。幼稚園は日本の幼稚園だったので、そこで日本語を学びました。将来的には、子供たちがどこに住むかわからないですが、グローバル化に合わせて英語を学ばせ、将来どこででも住めるように育ててあげたいですね。

これからも、日本に住む予定ですか。

――先のことは、よくわかりませんが、まあそうなると思いますね。また、今、やっとスタジオを持ち、先ほども申し上げましたが、自分のやりたいことを始めたばかりですから。

永住権は取っておられると思いますが、日本国籍は取得されましたか。

――それは、考えていないですね。

どうしてですか。

――別に、深い意味はないですね。今、必要でもないし、わざわざ国籍取得にエネルギーを使いたくないですね。アメリカでは韓国人の多くは市民権を取るために努力しますが、日本と韓国は地理的に近く、いつでも韓国に帰れるという意識が残っているんじゃないですか。また、日本は好きですが、過去の韓国と日本の歴史を考えたとき、七〇年近くたってもそれに対する反省がない日本に帰化するのは、やはり抵抗がありますね。と言って、日本と敵対する気持ちはないです。私が今、住んでいる国ですから、日本へ貢献したいと思っています。

私が運営しているMBC＋USTREAMスタジオも、韓日相互理解に役立つものと信じています。さらに、日本が目指す多文化社会の形成にも役立っていると思います。韓国も日本もこの先、多文化社会にならざるをえないし、それが生き残る唯一の道じゃないですか。今のように対立ばかりしていれば、韓国にとっても日本にとっても、よい結果は決して生まれてこないでしょう。対立要素が解消できないなら、協力要素をさらに大きくし、相対的に対立意識を押さえ込んでしまえばいいです。相互理解と双方の発展を図ることが必要です。その第一歩が、お互いの文化を知りあうことです。このような意味で、この大久保は必要です。そして、私は日本人に韓国の理解を求め、韓国文化をここから発信し続けます。

これから、大久保、韓人会、さらに、ニューカマーはどうなっていくと思われますか。

――この街は、ニューカマーが集まって急にできた街と言えます。しかし、ニューカマーといっても、私たちのような定着型は少数です。大部分のニューカマーは流動的です。ですから、これからの激しい変化に対応しきれず、帰国する者が増えるでしょう。しかし、また新たに多くの者がやって来ます。それを繰り返しながら、コリアだけでない国際的な街として定着していくと思います。ただ言えるのは、過去のような日本人が足を踏み入れたくない犯罪の街には後戻りしないということです。さらに、激しい変化につれ韓人会も一定の役割を保ちながら発展していくと思いますよ。そして、いつかは民団と一つになるのではないでしょうか。このとき、ニューカマーのさらなる発展が期待できます。

これから、新しく入ってくるニューカマーたちに、何か。

——はっきり言って、成功する人より失敗して国に帰る人の方が多いです。まず、あきらめないことですね。

後記：日本において初めて韓国の焼き海苔の生産販売を行い、それを大久保という狭い空間でなく、日本のスーパーに卸し、韓国の食品文化を広く日本社会に伝えた。さらに大久保で MBC + USTREAM スタジオを通し総合的に韓国文化を発信し続けている。まさに、この大久保を名実ともに韓国文化の発信地として確立した韓国文化の伝道師である。「対立要素が解消できないなら、協力要素をさらに大きくし、相対的に対立意識を押さえ込んでしまえばいいです」という言葉からもうかがい知れるように、韓日相互理解において、これからも大きな役割を果たしていくだろう。ただ、時間がなく、あまり多くを語ってもらえなかったのが残念だった。

6　裸一貫から大企業を築き上げる——羅承道《ナスンド》

①二〇一三年一月二十二日午前十時　②東京都港区、貿易センタービル　③株式会社国際エキスプレス代表取締役（大韓貿易投資振興公社公式指定会社）　④一九六一年六月二十一日　⑤一九九〇年二月日　⑥羅州　⑦妻、一男二女　⑧在日本韓国人連合会理事長、現在日本韓国人連合会顧問、東京商工

会議所理事、社団法人世界韓人貿易協会 World-OKTA 常任理事

略歴：日本で一旗揚げたくて来日、外国人が入っていけない埠頭に入り、努力一筋で、世界を相手に年商一〇〇〇億円を目指す企業を立ち上げた。日本国籍取得後も、韓人会など韓国人としての活動を続けている。

日本にはどうして来られましたか。

――ただ日本に来たくて。表向きは、日本語の語学研修で来ました。最初は、池袋にある日本語学校で日本語を勉強しました。八〇年代のバブル時代には日本語学校がたくさんあって、韓国からもたくさん人が来ていました。

どうして日本語の勉強をしようと思われましたか。

――ただ日本に来る手段としてです。就業ビザが出ないので、就学ビザを取るためです。しかし、日本語を知らずに日本に来ましたので、日本語の勉強はずいぶん役に立ちました。

語学研修が終わった後、どうして日本に定着なさったのですか。

――私は日本語学校に通いながら、すでに事業を始めていました。学生もしながらアルバイトもして、さらに事業も始めたのです。

はじめから日本に定着するつもりで来られましたか。

——はい、そのとき、日本が裕福だったので、この日本で一所懸命に働いて、いわゆる一旗揚げたかったのです。

しかし、どうして日本ですか。裕福なのはアメリカではないですか。アメリカン・ドリームを夢見て、渡米する人が多かったのではないでしょうか。

——韓国では、「男として生まれたら漢陽（今のソウル）に送り、馬は済州道に送れ」という諺があるじゃないですか。そのとき、全世界で最大の都市がどこかといえばアメリカのニューヨークか、でなければ経済大国日本の東京でした。アメリカにも行きたかったのですが、東洋でなく文化の違いが大き過ぎます。それに比べ、同じ東洋である日本は、地理的にも近く文化の違いもアメリカほどではないだろうと思いました。さらに、同じ東洋人なので意思疎通もアメリカ人より簡単だろうと考え、韓国人である私にとってアメリカより日本が働きやすい適切な国だと考えました。

日本に来て、最初はどんな仕事をなさいましたか。

——二十九歳で日本へ来て、三〇歳で個人的に事業を始めました。あのときは、留学生たちがたくさん来ていました。その留学生たちが韓国へ帰国するとき、本やいろいろなもの全部を帰国する飛行機で持って帰れません。梱包して貨物として送るしか方法はありませんでした。そこに目を付けたんです。そして、彼らの荷物を梱包して、韓国に送るという仕事を始めました。

運送業のようなものですね。事業を始めるにあたって、登録などの問題はありませんでしたか。

——そのときは、資本もありませんでしたし、一人でやっていました。難しい物は、私が包装をしてから大きい業社に委託をしていました。ですから、まだアルバイトに毛が生えたようなもので、登録などというように本格的なものではありません。いわゆる、留学生の引っ越しの手伝いです。

面白いですね。そのときは、日本語もよくできなかったでしょうに。

——ええ、日本語をまったく勉強していない状態で日本へ来たので、日本語は一つもわからず、体だけが資本でした。

それが、このような大会社を築き上げられたのですか。名刺の裏に書かれてある営業所は。

——ここの本社以外に、東京営業所、横浜営業所、大阪営業所、神戸営業所、九州営業所、羽田営業所と全国に六ヶ所の営業所、それに韓国と中国に現地法人があります。

壁に、「二〇一〇年に一〇〇〇億円」とありますが、一〇〇〇億円と言えば韓国ウォンで一兆ウォン以上ですよね。世界的な大企業の仲間入りをする日も遠くないですね。

——そのつもりで頑張らなければ。また頑張れば可能ではないでしょうか。

具体的には、どんなお仕事ですか。

——東京に本社を置き、日本の主要な物流港である東京、横浜、大阪、神戸、名古屋、九州などで輸出入保税倉庫を運営しており、全国の主要地域に支店と営業所を設置しています。国内外に最適な物流ネットワークを構築することによって、倉庫業、通関業、輸出入貨物運送、海外引っ越し、国際宅配、フォワーディングに至るまで幅広い総合物流事業を提供しています。

元々、そのような仕事については。

——全然知らなかったです。もちろん、経験もなかったです。

帰化されたとうかがいましたが。日本に帰化すれば便利ですか。

――便利だから帰化したのであって、そうでなければ帰化しなかったでしょう。自分が暮らしやすいなら、帰化するほうがいいのではないですか。基本的には、ニューカマーの意見は同じではないでしょうか。オールドカマーの意見はよくわかりませんが。特に、私の場合は、仕事上、帰化するしかなかったです。

そうですね。ニューカマーに聞いてみると、帰化を拒否していますが、商売をするうえで必要ならば帰化をするという意見がほとんどでした。

――必要がなかったら帰化しないじゃないですか。もちろん、私も帰化するつもりはなかったです。

これから先も、日本でずっと暮らすつもりですか。

――そうですね。

それなら日本国籍を取得するのが当たり前ではないでしょうか。

――私の考えですが、日本で本人がどんな位置でどうやって暮らすのかは個人の判断ですが、業種によって、または必要性によって、帰化をしなければならない者、帰化をしなくてもいい者がいて、私は事業のため帰化をしました。海外への仕事上、また日本で免許を持たなければならなかったからです。

アメリカへ行けば皆、国籍に当たる市民権を持とうと努力するのではないでしょうか。

――それが、違うんですよ。アメリカでは市民権を受ければ、回りの皆が祝福してくれます。しかし、日本では帰化をすればどうしても反発があり、同胞の目を気にしなければなりません。これが、間違っているんですよ。今はグローバルな時代で、世界が一つになる時代。そのため本人の必要性に応じて帰化すればいいのであって、帰化することによって仕事がしやすくなればそれでいいんじゃないですか。

銀行の融資も帰化した人としなかった人との差があるでしょう。これも本人の考えかもしれませんが、必要によっては帰化することは悪くないと思います。

たとえば、青森県生まれの人が東京都に住んだ場合、東京都民になるのは当然なことであって、東京に住みながら青森県民だと言うのは少し無理があります。もちろん、青森に対する愛郷心は残って県民会もあるわけですが。国籍問題も、それと同じだと思います。

――私もそう思いますよ。私は、在日韓国人社会に寄与するために韓人会の理事長もやっています。韓人会規約を作るとき、帰化した人も韓人会に入る資格があるとしました。これから民団員も団長も、帰化した人も、韓国で生まれ来日した者も、韓国で生まれた日本人も、すべて網羅すべきじゃないですか。実際、心の故郷が韓国であれば、永遠に韓国人です。

それでは、今、お子さんたちの教育はどのようになさっているんでしょうか。

――教育は、韓国を知ってほしくて小学校はすべて韓国人学校に行かせました。しかし、日本に住んでいくためには日本を知らなければなりません、だから中学校からは日本の私立学校に送りました。今、上の子が青山学院大学、二番目は慶應義塾大学です

韓国をどのように教えていますか。

――小学校は韓国人学校を出たので、そこで韓国語を勉強し、話すことはよくできないですが、聞いて書くのは問題ないです。韓国の歴史も韓国初等学校を出たので基本的なことはわかっているはずです。子供たちは日本国籍で生まれましたが、父である私は韓国人なので、基本的に韓国文化もわかってほしいと思っています。大学はそのまま日本の大学に進学しましたが、交換留学生としてソウルにも行かせ

たいです。

アメリカなどにも行かせるお考えはありますか。

——息子とも話しているのですが、ご存じでしょうが私立名門大学に通う学生たちは、最近外国留学をあまり望まないです。自分の学校への自負心があるのですかね。大学に入った後、交換留学が可能なアメリカの大学へ一年ぐらい送ろうと思っています。四年間アメリカに行って大学生活を送ることは本人も望んでいないので。一年ほどアメリカへ行かせて、ソウルでも一年ほど勉強させられたらと思っています。

国籍問題について確固たるお考えをお持ちですが、これからニューカマーはどうすればよいでしょうか。

——ニューカマーの大部分は、韓国国籍のままで生きていくでしょう。二世三世は本人の判断によりますが、これからはグローバルな時代だから、多くの二世たちも多分帰化をせず、韓国国籍で残ると思います。韓国の生活レベルも高くなりましたし、一昔前のように激しい差別は少なくなりましたので、今のオールドカマー二世三世と同じく、将来のニューカマーの二世三世も多くが韓国国籍を持ち続けるのではないでしょうか。

日本で生まれて、日本の学校を出て、日本人とまったく同じ教養・能力を備えているのですから、日本国籍を取って、官僚や国会議員になるなど、主導的に日本の社会に参加していくのが自然の流れではないでしょうか。確かに、一世たちには難しいと思われますが、現在の一世の価値観を二世三世にまで引き継がせる必要はないと思いますが。

——私は、二世三世たちは必要によって帰化をしたい人はしていいと思います。今のオールドカマー二世三世と将来のニューカマー二世三世とは、時代が異なります。オールドカマー二世三世の時代と違って、ニューカマー二世三世の時代になれば、日本人から直接差別を受けることも少なくなり、それに比例するように日本人に対する憎悪も薄れていくでしょう。さらに、日本人にも韓民族に対する差別感情も少なくなり、さらに文化的にもグローバルな時代となり、韓国人が誇りを持って生きていける社会になると思います。現在、韓流に見られるように韓国の文化が日本で受け入れられ、韓国人の生活水準も経済力も高くなったので、韓国人は昔のように努力しなくても自然と韓国人としての誇りを持って生きられると思います。帰化しても韓国人として、つまり韓国系日本人として生きていけるのではないでしょうか。

これからも韓国から多くの人が来ると思いますが、ニューカマーが成功する秘訣を教えてください。

――成功するための秘訣なんかありませんよ。あれば、私が教えて欲しいものです。ただ努力です。謙遜と努力しかないです。一も二も謙遜、そして努力すること。事業は頭だけでするものではなく、いかに体を動かし努力するかです。いくら頭がよいからと言っても、事業に成功するとは限りません。東京大学を出た、ソウル大学を出たといって、事業に成功するものではありません。謙遜し自慢しないで一生懸命に、人よりも二倍三倍四倍も努力することによって成功できるのであって、普通の努力では成功は望めません。

羅承道さんのような方は、日本に来なくても、韓国で十分に成功できたのではないですか。そして、韓国経済発展に貢献したと思われますが。何か国家的損失のような気がします。

――玄海灘を渡って来た人は「それは自分の運命だ」と言う人がいますが、渡って来るということは、それだけ人より考えが一歩進んでいて意欲があるということじゃないですか。もちろん、失敗する人も多いですが。日本にまで来るニューカマーは非常に積極的でチャレンジ精神が旺盛です。だから、成功する人が多いんです。また、私たちのような者は、国にだけいれば窮屈でストレスが溜ってしまうと思います。そして、いつかは国を飛び出しているはずです。

日本も閉鎖的な国で、窮屈でストレスが溜ってしまうんじゃないですか。

――国を出るということは、日本という国に来たのではなく、世界に飛び出したということです。

世界的に見て、移住民がこんなに成功する例はあまりないでしょう。大体の移住民は貧しく、その日その日生きていくのがやっとで、その国でスラムを形成しているのが一般的です。

――ニューカマーはどこへ行っても積極的に起業し、アメリカへの移住民は日本へ来る人よりはるかに多く、大久保とは比較ができない大きな韓国人コロニーを、ニューヨークなど全米各地に形成して成功しています。

しかし、在米韓国人は在日韓国人のように相対的にあまり成功していないように思われますが。

――正確な違いはアメリカで生活しなかったのでよくわかりませんが、アメリカでも日本でも本人の考え方、どうやって暮らすのかが重要です。どこに行っても熱心に努力すれば成功します。ベトナムでもフィリピンでも、成功した韓国人が多いじゃないですか。アメリカに行って失敗した人が多いと聞きますが、たぶん在米韓国人が多いので失敗した人が多く見えるだけで、人口比率の問題ではないでしょうか。

世界的にも閉鎖的な日本において、また韓国人に対してまだ差別意識の強い日本において、どうしてこ

のように活発な行動が可能なのでしょうか。

——その理由は、私も正確にわからないです。しかし、成功している人は、本当に一生懸命に努力しています。差別があるから、もっと努力するのでしょう。オールドカマーの一世がそうじゃないですか。

日本へ来て一番苦労したことは何でしょうか。

——苦労したことは、ここですべて話しきれないですが、私の仕事は埠頭の仕事ですから、そこに入っていくことが一番難しかったですね。何度も言いますが、埠頭は日本の人々も入っていきにくい所です。そこに外国人が入っていって仕事をして、自分の領域を広げることは並大抵のことではありません。私は、二世でも三世でもなく、日本で生まれたのでもなく、はじめから埠頭に知人や友だちがいたわけでもなく、本当に大変でした。

それでは、事業はどのように始められましたか。

——初めは、もちろん知人が手伝ってくれ、人脈を通じて入っていきました。何の事業でも人脈が重要です。日本人でも同じです。全世界どこに行っても、人脈が重要です。

それでもこいつは韓国人だから駄目だ、ということにならなかったのですか。

——結局、後になって私が韓国人であることが知られましたが、もうそのときは日本国籍も取っており、組織体系を整えて事業も成長した状態でしたので、その中でいじめをすると言ってもできませんでした。もちろん、小さな嫌がらせは絶えず経験しましたが、そんなことを気にしている暇なんかありませんよ。耐えるしかないです。今も状況は同じで、日本人が入っていっても初めはまったく同じです。創業して歴史の浅い人の登竜門と言えます。ほとんどが昔からこの仕事をしている人たちで、新しい創業者はあまり見られません。ですから、四代目・五代目という人たちも大勢いますよ。

日本人と結婚して、文化の違いで苦労しなかったですか。

――意志の疎通の段階で問題がありました。言葉の問題以上に、表現の違いです。国際結婚をする人々は誰でも感じるものです。韓国的にいいように言ったのに、日本人の妻に悪くとられる場合もあります。これは、社会生活においても同じことです。そのときはお互い我慢するしかないですね。

後記：正直に自分の考えを、自信を持って答えてくれた。まさに、実直を絵に描いた人だった。行動が先にたち、言っていることと矛盾する個所もあったが、迫力ある話し方に圧倒され、それも正しいように感じられた。他の大久保の人たちと違い、韓国に関わる事業ではなく、韓国とは関係ない日本人社会の中に入り成功した一匹狼である。成功するまで苦労されただろうが、苦労話には聞こえなかった。「苦労するのは当然、だから成功したんだ」と胸を叩いて言っているようでもあった。差別の中いくら叩かれてもビクともせず、ただひたすら目標に向けて突き進む猪のようでもある。国籍問題に関しても、確固とした信念を持っている人だ。過去に裸一貫から大企業を築き上げたオールドカマーの一世を見ているようだった。

7　日本におけるマッコリのパイオニア――金孝燮《キムヒョソプ》

①二〇一三年一月二十二日午後二時　②東京都新宿区百人町　③株式会社E-DON代表取締役　④一九六一年九月五日　⑤一九八六年二月　⑥全羅南道　⑦妻、息子一人、娘一人　⑧社団法人在日韓国農食品連合会会長、在日本韓国人連合会理事長、現在日本韓国人連合会顧問、社団法人世界韓人貿易協会World-OKTA常任理事、OKTA-Tokyo会長

略歴：日本で大学院を出た後、商社に勤めたが、それに厭き足らず独立して起業する。それが「二東マッコリJAPAN」であり、「日本におけるマッコリのパイオニア」である。現在は、それ以外にもレストラン、ショッピングモール韓国専門店K-PLAZAを経営。

どうして、日本へ来られましたか。

――留学ですね。

専攻は何ですか。また、どうして今の事業を始められましたか。

――国際学です。韓国では中国語を学びました。修士を出て、大阪の商社にも勤めました。日本という国は、給料は大学でも大学院でも同じですし、三年勤めても上がらないです。それが平等なんですが、面白くないと思い起業しました。

韓国での大学は、成均館大学でしたね。名門大学です。さらに、日本で大学院を出ているんですから、当時、国に帰ればエリートコースを歩めたんじゃないですか。どうして、日本で就職を。

――文系ですので、就職も難しかったです。日本に来たのは、アルバイトをしながら大学院に通えると聞いたからです。中国ではアルバイトはできず、お金を持っていかなければなりません。大学院を出て、日本に残ったのは、もう少し勉強したい気持ちもあったからです。大阪では、商社に勤め、韓国から電気製品を輸入し、日本のメーカーに納品していたんです。

しかし、先ほど申し上げたように、三年たっても給料は上がらないし、もちろん平凡なサラリーマンで終わってもいいですが、やはり夢をもって日本に来たのですから、何か自分で仕事を始めたいと思い、友だちのいる東京にとりあえず来てみたんです。そのとき、幕張で食品展示会をやっていました。そこに行ってみたんですが、韓国のコーナーでマッコリが出ていたんですね。真空パックされていて、常温でも一年は保つとのことでした。私は、田舎育ちで、マッコリは日保ちせず早く飲まなければならないものとばかり思っていたので、びっくりしました。これは、商品としての価値があるなと思ったんですよ。船で持ってきても、一年以内に売ればいいんですから。

それは、いつのことですか。

――確か、一九九三年だったと思います。

マッコリは、いつ日本に入ってきたのですか。

――私が一番最初です。在日（オールドカマー）が過去にやっていた密造酒でなく、公式に「二東《イドン》マッコリ」として売り出したのは、私が一番最初です。

二東マッコリですか。二〇〇六年に東京に滞在していたとき、地下鉄の広告で見ました。あれは、金孝燮さんがやっていたのですか。

——宣伝しなければ、大手に負けてしまいますので。「二東マッコリJAPAN」を作ったのは、一九九五年です。その後は、日本のマッコリブームにあやかり、おかげさまで急成長を遂げさせていただきました。「二東マッコリ」というのは、韓国で一番有名ですからね。最近は、「ソウルマッコリ」も有名ですが。過去に、軍隊に納品されたのが「二東マッコリ」でした。そのため、除隊した後、つらかった軍隊生活を思いだし、軍隊時代に飲んだ「二東マッコリ」を探し求める人が多かったのです。韓国の男性は皆軍隊に行き、酒を飲むのは過去において男性だけでしたから、「二東マッコリ」が有名にならないわけがありません。それで、私も「二東マッコリ」を輸入したのです。日本でのマッコリブームを作ったのは、私です。しかし、今年になって初めて頭打ちになりました。

最初は、輸入するにしても大変だったでしょう。

——最初は、二〇〇ケース持って来て、日本の酒屋さんに卸しました。東京の大手の酒屋さんが倉庫を貸してくれ、さらに事務所も使わせてくれました。今は全国ブランドで、テレビでも宣伝しています。最近では、日本の大手酒造メーカーが「ソウルマッコリ」を輸入していますし、韓国の大手酒造メーカー真露も日本へマッコリを輸出しています。

韓国では、真露のマッコリはあまり聞きませんが。

——まあ、それだけ日本におけるマッコリ市場の競争が激しいということです。今年は、ピーク時に比べ、全マッコリの消費量が三〇~四〇%落ち込みました。ですから、二、三年前から、このような状態を予測し、レストラン業も始めました。現在六店舗あり、今年中にさらに二店舗増やす予定です。

マッコリが下火になるのを見越して、レストランを始められたとおっしゃいましたが、どんなレストラ

ンですか。

――レストランの名前は「にっこりマッコリ」です。韓国料理を中心に、マッコリを飲ませる食堂です。マッコリの普及にも役立ちます。マッコリのカクテルも、ここで一番最初に始めました。

今まで、日本でいろいろなことをやってこられましたが、難しかったことはありませんか。

――やっぱり、閉鎖的な国ですから、最初始めるのが難しかったです。酒類輸入卸しの免許がいるんですね。日本人の知り合いの酒屋の協力で、その社長が組合の会長だったので、免許を取ることができました。つまり、取れたのですから、外国人は駄目というのではありません。しかし、単純に書類を出して、はいＯＫというのではありません。この業界も閉鎖的ですので、その中に入る、たとえば組合に入ることによって、初めて許されるわけです。まともにやれば、外国人は門前払いです。

そうですね。酒屋に限らず、八百屋、魚屋、米屋、すべて韓国人が入っていくことは難しいですね。ならば、日本国籍を取得すればいいのでは。特に、これだけ広く事業をしていらっしゃるなら、将来的に日本国籍が必要ではないですか。

――今は、別に不便を感じていません。ないのは投票権だけです。ですから、帰化は考えていません。

将来、お子さんの国籍問題はどのように考えておられますか。日本国籍を取れば、国会議員にもなれますが。

――日本よりむしろ韓国で国会議員になってほしいです。まあ、これはあくまでも私の考えなので、子供のことは子供に任せます。

韓国に、ご家族は。

——まだ、母親と兄弟がいますので、韓国にはよく行きます。

ニューカマーの成功者の中でもトップクラスでいらっしゃる。韓国に帰って楽に暮らしてお子さんを韓国の国会議員に育てようとお考えになりませんか。

——いやいや、これからですよ。まだ、働かなければならない時期です。人間、働かなければ駄目になりますよ。そして、私の経済活動の場が日本です。まだまだ、やりたいことがいっぱいあります。これからも日本で暮らしていきたいと思ってます。

日本は、移住民を受け入れない国です。他の国から来たニューカマーは、出稼ぎ的性格が強く、金を儲けたら帰る人がほとんどですが。

——韓国からのニューカマーは、大久保が象徴的ですが、起業し、定着していますね。

つまり、少数民族として定着する可能性が高いということですね。しかし、移住民からの少数民族といえば、その国の労働者階級として、都市に貧民のコロニーを形成するのが一般的ですが。

——韓国からのニューカマーは、まず高学歴です。そして、先ほど申し上げたように起業し、経済的に優位に立っています。日本、そして地域社会にも貢献しています。世界でも珍しい存在でしょう。

世界韓人貿易協会の常任理事をされていますが、この団体は、どういう団体ですか。

——World-OKTAといって、現在（二〇一四年）、世界六十四ヶ国一二五都市に支会を持つコリアンビジネス・ネットワークです。日本でしたら、東京以外に大阪、名古屋、福岡などに支会などがあります。今、私は東京支会の会長をさせてもらっています。在日（オールドカマー）のキム・ヨンテという人が組織した団体で、彼が初代会長を努めましたが、それ以降はアメリカから会長が出ており、アメリカが中心的役割を果たしてきました。ところが、最近になって、中心がアジアに移ってきていますよ。現在、組織的には、ニューヨークと東京が強いですね。

ニューカマーの皆さんの中には、この組織に参加されている人が多いですね。

――この組織は、韓人会のような親睦団体でなく、先ほど申し上げたように、世界の韓国人を網羅したコリアンビジネス・ネットワークです。ですから、大久保・日本にとどまらず、世界に目を向けた商売をするため、積極的に皆参加していますね。元々、ニューカマーは経済活動の場として日本を選んでいるだけで、精神的には韓国人です。ですから日本にこだわる必要はないのです。これから先、日本から世界に羽ばたきたいと思っている人がほとんどです。すでに、そのように動いている人も多くいます。そのため、子供たちもグローバル社会に生きていけるように、英語を熱心に教えているでしょう。だから、国籍に縛られる必要はないのです。

過去のニューカマーは裸一貫で始めた人がほとんどですが、最近はどうですか。

――私たちの時代は、そうでしたね。最近は、ここで商売をすると儲かると、自分の金か親の金かは知らないですが、韓国から資金を持って来て始める人も随分いますね。

大久保を歩いてみて、二〇代の経営者もいました。韓国から資金を持って来たのだなと思いましたが。

――そうですね。韓国の若者は、チャレンジ精神が旺盛じゃないですか。韓国から資金を持って来ようがどこから持って来ようが、それらはすべて冒険です。気を入れてやらなければ、必ず失敗します。そんなに甘いところではありません。ですから、成功する人は、それなりに努力した人たちです。

ニューカマーのこれからは、どうなると思いますか。

――これからも増えていき、World-OKTAに見られるように、私たちよりもっと大物が出てくると思います。そして、この歴史はさらに続いていくと思います。

オールドカマーの歴史は失敗した歴史と言われていますが。彼らの国籍は韓国でも、意識は日本人となってしまい韓国系日本人と呼べるオールドカマーは存在しません。

――失敗と一言では片付けられないと思います。私の息子の代までは、韓国語がわかり、韓国人としての意識があります。親からの教育を受けていますので。しかし、その次の世代はどうなるか未知数です。在日（オールドカマー）も二世までは意識があるじゃないですか。三世四世になると意識が薄らいでいますね。韓国籍で意識を持って活動できるのは、一世と二世だけですね。ニューカマーも同じようになる可能性があります。新しく来たニューカマーにバトンタッチしながら民族性を保っていく以外にないでしょう。

これから、ニューカマーはどのように発展していくべきでしょうか。

――ニューカマーだけではなく、オールドカマーを含め在日として一つにならなければならないです。私たちも、さらに私たちの子供たちも、新しく入ってくるニューカマーにとってはオールドカマーになります。今、民団の中には心を開いた人もいますが、まだまだ私たちを受け入れようとしない人たちが多いです。しかし、個人的には、民団の傘下組織の韓国青年会議所の人たちとも仲よくやっていますよ。韓人会のメンバーにも、加盟している人が大勢います。ですから、ゆくゆくはよい関係、一つになっていくと思います。

民団にはいま後継者がいないと言われています。ニューカマーが積極的に参加しなければならないので

はないでしょうか。

——そうですね。過去には、財産をなげうってまで、民団の発展に尽くした人が多かった、と聞きましたが。今は、そのような人はいないですね。韓国政府からの資金援助がなければ、民団はすぐに潰れるのではないでしょうか。そのためには、将来ニューカマーが民団を積極的に支えていかなければならないでしょう。

これから日本へ来るニューカマーの人に、これだけは言っておきたいことがあれば、お願いします。

——根気強くやることですね。すぐに結果を出そうと思っても、無理です。長期的にやらなければ駄目です。私も、もう十八年です。長期計画で、やっとここまで来られました。「二東マッコリ」の地下鉄の広告を出したときは、まだ売れていないときで、まったくの赤字経営でした。それでもまず、マッコリという言葉のブランド化から始めました。ですから、日本の大手企業や韓国の大手酒造会社が日本のマッコリ業界に参入してきても、私どもの「二東マッコリ」が一番有名です。

韓国人の気質、チャレンジ精神を持って頑張れば、必ず成功すると思いますよ。

後記：ニューカマーを代表する企業家であるにも関わらず、傲り高ぶることもなく、落ち着いて淡々と話す口ぶりは説得力があった。将来を語るときの目に鋭さが感じられ、常に先を行く人であるとの印象を受けた。日本にマッコリを広めた人として有名であるだけでなく、その消費先まで考えて企業を広げていっていることに、感嘆するしかなかった。在日韓国人の将来を問うたとき、特にニューカマーとオールドカマーの関係について、「私たちも、さらに私たちの子供たちは、新しく入ってくるニューカマーにとってはオールドカマーですよ」という言葉、ニューカマーとオールドカマーが「在日」という一つの輪に集まらなければならないという話は、印象に残るものであった。

8　日韓両国へハッピー通信を送り続ける——晋永燮《ジンヨンソブ》

①二〇一三年一月二十五日十六時　②東京都新宿区大久保　③株式会社ハッピー通信、株式会社ハッピー食品　④一九五九年十二月十三日　⑤一九八八年八月　⑥全羅北道　⑦妻、娘一人　⑧社団法人世界海外韓人貿易協会 World-OKTA 常任理事、OKTA-Tokyo 前会長

略歴：たまたま来た日本にしっかりと腰を据え、貿易事業・外食事業・食品製造・出版事業・経営コンサルティングなど、多角的に経営し、大久保から「ハッピー」を通信し続けている。

どうして日本へ来られましたか。

——私が初めて来日した一九八八年八月は、海外旅行自由化が始まったばかりで、まだまだ海外に出る

のが大変な時期でした。まず、就学ビザで日本に来て、日本語学校に通いました。最初から日本へ来ようとしたのではなく、アメリカへ行く予定でした。その当時、海外開発公社がありました。中東に労動者たちをたくさん派遣していたところです。そこへ、アメリカへ行こうと申請書を出しました。ところがそこで、「日本では勉強しながら金を稼ぐことができるから一度行ってみたらどうだ」と勧められました。それではと思い日本に来たのですが、最初は苦労しました。アルバイトもなく、部屋も韓国人だからという理由で貸してもらえませんでした。

二十五年たった今は、ニューカマーがたくさん来て、会社を創ったり、店を経営したり、さらに不動産屋までやっているので、部屋を借りるのに問題はなく、アルバイトするのにも困りません。今、韓国から来日する学生たちは、アルバイトを選ぶことができます。いい時代になりました。

勉強が終われば、韓国に戻ろうとは思われませんでしたか。

――もちろん、最初は、韓国に帰るつもりでした。ところが、日本に長くいると、ここが機会を与えてくれる地だと思うようになりました。私がここで頑張れば頑張るほど、保障が得られると考えたんです。当時、韓国人や外国人たちを対象としてした仕事に対して、十分な報酬を得ることができました。それで、私にとって可能性のある国だと考えました。

そのとき、結婚していましたか。

――日本に来たときはもう歳だったので、学校に通いながら結婚しました。

奥様は、日本で苦労するぐらいなら、韓国に帰ろうとおっしゃいませんでしたか。

――それはないです。妻も日本へ来て、私と同じくアルバイトをしながら学校に通っていました。子供も一緒に育て、勉強もして事業もして。外国まで出てくる者は、チャレンジ精神があります。私の妻も、そんな一人です。回りにも、会社を設立し、頑張る者が多かったです。

最初は大久保で何の事業をしましたか。

——最初は、国際電話カードと携帯電話販売から始めました。その後、情報誌のようなものから、通信販売パンフレットまで作るようになりました。

会社名のハッピー通信はそこからつけた名称ですか。

——そうです。幸せな心を伝達するという意味です。そこには、ここで成功して「幸せになりたい」という思いを込めました。しかし、今はそれをやっていませんが。ただ、K‐POPや韓国文化を紹介する『月刊cocofun』という無料配布の情報誌を出版業として自社出版して、会社名「ハッピー通信」の意味を生かしています。今も、最初の気持ち「幸せになりたい」、さらに人々にも「幸せになってほしい」という気持ちを持って、「幸せな心を伝達」する会社として経営を行っています。現在、事業として貿易事業・外食事業など、また、「株式会社ハッピー食品」で食品製造を行っています。

株式会社ハッピー食品ですか。

——そうです。ハッピー通信の名前が昔から知られていたので、食品会社にもつけました。幸せな心を伝達するという意味を捨てるのが惜しくて。

ハッピーグループとして随分幅広くやっていらっしゃいますね。食品製造も自社でされているのですか。

——サムゲタンなどの韓国食品を日本で作る工場を埼玉に持っています。

昔のように輸入するのではなくて、直接日本で作るのですか。

――もちろん、韓国から直輸入するものもありますが。最近は、日本人の嗜好に合わせて日本で作って、日本の会社に納品することが多くなりました。

ところで、名刺に書かれている日韓ワールドセンターとはなんですか。

――日韓ワールドセンターでは、韓国の資材や中小企業を日本に紹介し、また日本へ進出または韓国へ進出したい韓日の中小企業を対象に、経営コンサルティングや市場調査のお手伝いをやらせていただいています。大邱市とか江原道とか、去年十一月には忠清北道の道知事がいらっしゃったので、日本の経済人たちに集まってもらい交流会を催しました。日韓ワールドセンターの事務室は、お台場にあります。そこで、韓国の中小企業の製品を常時展示しており、いつバイヤーたちがやって来ても商談ができるようにしています。

簡単に言えば、日韓の中小企業の架け橋ですね。

――ええ、そうです。

今、永住権を持っていらっしゃると思いますが、これから日本国籍の取得もお考えですか。

――オールドカマーとニューカマーの違いは、ニューカマーは帰化せずとも堂々と生きる自信を持っている者たちであることです。だから、帰化をせず、永住権だけで暮らしていくことができます。

しかし、日本国籍を持っている方が有利ではないですか。

――そうですね。日本に住みながら経済活動をするなら、帰化をする方が楽かもしれません。だから、帰化する人もいますが、それはそれでいいと思います。私はこのまま韓国人でいたいですね。

一〇年、二〇年たてば、子供たちは皆、日本化するのではないでしょうか。

――ある程度日本化すると思いますが、オールドカマーと違う点は、ここ日本でも大部分のニューカマーの家庭では韓国語を話していることです。確かに、一〇家庭の中で一家庭ぐらい韓国語が話せない家庭もあります。しかし、それでも韓国語は聞き取れるでしょう。

私の場合もそうですが、ニューカマーの多くは、子供を絶えず韓国に連れていき、韓国の文化に違和感を覚えないようにしています。家でも韓国語を使い、外でも堂々と韓国語を使っています。ですから、韓国の意識は持ち続けるでしょう。

お子さんはどのように教育していらっしゃいますか。

――日本人学校三年を終えて、イギリスで二年ほど、途中から日本のアメリカ学校でずっと教育を受けさせ、今は明治大学に通っています。

どうして日本に戻されたのですか。お子さんの意志ですか。

――本人は、アメリカで進学したかったようですが、私たちはできるなら一緒に暮らしたいと思ったからです。親のわがままですかね。

お子さんは、韓国語ができて、日本語、英語もできるわけですね。

――ここのニューカマーの大部分の子供たちは、最低限韓国語と日本語を話せ、英語も七〇～八〇％できます。韓国人学校も英語をよく教え、国際学校へ通う子も多く、三ヶ国語を話せる子供が多いです。

しかし、経済的に裕福でなければ、国際学校に進学させたくてもできないのでは。

――そうですね。進学させたくてもできない場合も多いですね。しかし、英語はともかく、皆子供に韓国語を教える努力は欠かしていません。

これからニューカマーの二世三世はどうなっていくと思われますか。

――二世三世がずっとここで暮らしていけば、オールドカマーのようになる可能性は十分にあると思います。ほとんどのオールドカマーは韓国とは縁が切れており、韓国に行っても知り合いも訪問する所もないでしょう。しかし、ニューカマーの二世三世は韓国とは切っても切れない縁で結ばれており、韓国語も話せるし、将来韓国に行っても十分に活動できると思います。ですから、ある程度日本化するのは仕方がありませんが、韓国人としての意識は持ち続けるのではないでしょうか。

これからも日本で暮らしていく予定ですか。

――経済の基盤が日本にあるので、そうなると思います。しかし、日本に住みながら、韓国にもしばしば行くでしょうね。

同じ質問をします。アメリカにずっと暮らせば市民権を得て韓国系アメリカ人になるように、日本に住めば帰化して韓国系日本人になるのが、自然の流れではないでしょうか。

――そうですね。アメリカのことはよく知りませんが、韓国系日本人だという考えはないです。ただ言えるのは、「私は韓国人だ」ということです。大部分のニューカマーも、私と同じ考えでしょう。

日本で生まれ日本で育ちこれからも日本で生きていく二世三世に、主体的に自分の生活を切り開ける環境を、作ってやる必要があるのではないですか。つまり、帰化して韓国系日本人になり、ここから国会議員も生まれるべきじゃないですか。

――そうでしょうね。ここで暮らせば、二世三世は現地人になるでしょうね。そこから、立派な政治家が出て、首相も出るかもしれません。

日本人は自分たちが単一民族との考えが根強く残っています。私たち韓国人も同じです。今後、日本も韓国も多文化社会に変わっていくと思いますが、そのとき、ここの韓国人も変わっていくでしょう。しかし、私は子供たちに日本という限られた場所でなく、世界を相手に活動してほしいと思っています。まして、日本社会が多文化社会になれば、反対に国籍に縛られずもっと自由になれるのではないでしょうか。

ニューカマーと、韓国との関係はどうなると思いますか。

——日本と韓国と架け橋的役割を十分果たしていくと思います。私たちは、日本語も韓国語もでき、何よりも日本と韓国を知り尽くしています。私の会社のモットーが「日韓の架け橋になりたい」です。ですから、私たちハッピー食品は、いつも日本社会だけでなく韓国社会にも幸せな心を伝えたいと思っています。

オールドカマーは、日本と対立する形で日本に暮らしてきました。もちろんそれは、日本の差別政策、さらに日本人にある根強い韓国人蔑視意識がそうさせたのですが。今、ニューカマーはどうですか。

——対立意識はないです。韓人会の目的も「日本人社会と融和・共存して生きていく」です。私たちの仕事も、日本にあるよい商品を韓国に持っていき、韓国にあるよい商品を日本に持って来て、つまり、日本に韓国を、韓国に日本を紹介しています。今後、ニューカマーの役割はますます大きくなっていきます。特に、韓日関係がうまく行けば行くほど、ニューカマー社会も発展し続けるでしょう。そこに対立意識が存在する場はないでしょう。

最近、大久保の景気が悪いと聞いていますが。

――私の場合はここで店だけを経営しているのではなく、韓国食品を日本のスーパーやコンビニに卸しています。韓流が下火になったとしても、食品の売れゆきは変わりません。日本人も初めはキムチを嫌がっていましたが、今はキムチを売っていないスーパーはないでしょう。コチュジャンも同じです。すでに、日本人の嗜好が変わり、日本において韓国食品は市民権を得ています。ですから、今後もメリットが十分にあると思います。

マッコリに大手日本企業が参入しているように、大企業が韓国食品に手を出せば、それに太刀打ちできないのでは。

――確かに難しい問題です。そのためには、韓国の伝統だけを守っていくのではなく、常に新しい商品を開発し、日本人のニーズに応えるように努力しています。特に、日本人の口にあった味を開発しなければなりません。キムチも、今は七〇～八〇％が日本で作られたものが出回っています。

反対に、韓国に進出する考えはありませんか。

――そんなチャンスを作ることもできるでしょう。

特に日本食品が韓国で人気を得ています。また、日本企業が韓国進出していますね。たとえば、居酒屋のチェーン店「白木屋」などが、韓国で人気を博しています。特に、若者たちに日本の酒文化を広めています。これらは、日本にいて韓国と日本をよく知っているニューカマーたちがやるべき仕事じゃないですか。

――それは、私たちの宿題だと思っています。これからの若者たちに、是非やってほしいですね。韓国人の味を知った私たちが、やるべきことです。やるべきことは、今後いっぱいあります。このように考えると、私たちは韓日両国にとって必要な存在ですよ。それを認識してもらうため、もっと頑張らなければなりません。

新しく入ってくるニューカマーの中には、韓国から資金を持ってきて事業をする人もいますね。

――最近はそんな人も多くいますね。私たちの時代は、完全に裸一貫で日本に来て、自分の足で全国を回っていましたが、オールドカマーはもっとひどい状態で日本へ来て、ハングリー精神で現在を築きました。二十五年たった今、成功し建物を何棟も持っている人もいるし、もうすでに留学から帰ってきた子供に後を継がせている方もいます。

今、韓国から来るニューカマーたちは、温室で育った花のように意志が弱くまた忍耐力も不足しているように感じられます。今は、彼らが育った韓国自体が裕福になりましたからね。しかし、若いのですから、チャレンジ精神を失わずに頑張ってほしいです。

お子さんは、どうですか。

――やっぱり弱いです。

お子さんに、事業を継がせるおつもりですか。

――私はそれを望んでいますが、子供は「自分は自分の道を行く」と言ってます。将来はわかりませんが。

これからニューカマーはどうなると思われますか。

――ニューカマーはますます発展すると思います。一〇年前から韓流ブームが始まり、「冬のソナタ」が今年で放送開始十一周年です。あのときから韓流の風が吹いたんですよ。成長するきっかけも、あのときから韓流が多方面に拡散し、ニューカマーもその機会をよく捉えて発展してきました。今後、さらに多方面に発展していくと思います。ＩＴのほうもそうです。食堂の店舗が一〇、二〇、一〇〇店舗と雪だるま式に増え、食品を扱う人は日本全国に食品を納品するようになっています。多方面で日本の地に根を張っています。

今まで、日本人と摩擦はなかったんですか。

――ニューカマーはあまり摩擦はないんです。

商売上でもですか。

――他の人はわかりませんが、私はそのようなことはほとんどなかったです。商店街の人たちとごみの問題で、最初は摩擦があったそうですが、今は解決しています。そして、環境問題にも神経を使っています。

今や大久保は明るい観光の地と化したのですから、地域住民には喜んでもらっていいのではないですか。

――二年前、ここが日本で一番地価が上がったと聞きました。

日本人の店も、客足が増えて喜んでいいのではありませんか。

――日本人の店も、おかげで繁盛し、嫌がる理由がないはずです。街もとてもきれいになりました。看板もかけ替え街が見違えるようによくなりました。

昔は、夜は怖くて歩けない街だったじゃないですか。

――私が来た当時はそうでしたね。

それから、今、大久保を歩いていると、韓国人だけでなく、中国人が多いですね。

——中国人は大久保駅側にいて、そこに中国人の経営する店がたくさんあります。そこは国際通りと言われています。それより、中国人たちは池袋に多いです。そこへは、韓国人は進出できません。

大久保のニューカマーは、今も韓国人が多いですか。

——今でも韓国人が一番多く、その次に中国人、中国の朝鮮族もたくさん入ってきています。今、朝鮮族が、日本に七～一〇万人いるとも言われています。

ニューカマーが十七万名しかいないのに。

——そうです。また、ネパール人、タイ人、イスラム系の人、欧米系、いろいろな外国人が集まってきています。コリアンタウンというより、国際街と言えるのじゃないですか。むしろ、その方がより発展すると思いますね。

後記：裸一貫で成功した企業家にも関わらず、そこには、虚勢、傲慢さはまったく感じられなかった。口には出さなかったが、「謙遜」こそが成功の秘訣だと言っているようだった。自分たちが日本で幸せになりたいと、会社を「ハッピー通信」と名付けたが、成功した後は自分たちだけでなく皆に幸せになってほしいと、日本・韓国に「ハッピー通信」を送り続けている。さらに、「日韓の架け橋になりたい」と、韓日の企業家たちの交流の手伝いを率先して行っている。日韓にとって、いつまでも「ハッピー通信」でいてほしいと思った。

9　差別に悩むより、差別を乗り越える力を——金在虎《キムジェホ》

①二〇一三年一月二十九日午後五時　②東京都新宿区大久保（韓国料理店「大韓民国」）③CH International 株式会社代表取締役、「大韓民国」経営　④一九六三年八月九日　⑤一九八九年三月　⑥全羅南道　⑦妻、息子二人　⑧社団法人世界海外韓人貿易協会 World-OKTA 常任理事

略歴：韓国での公務員生活を辞め、日本へ留学。卒業後、日本に定住し、CH International 株式会社代表取締役、韓国料理店「大韓民国」経営など幅広く活動。ボランティアで、韓国文学を日本へ紹介する運動を行う。

どうして、日本に来られましたか。

——大学を卒業してソウルで公務員をしていましたが、そろそろ公務員にもあきが来ていましたし、もっと勉強をしたいとも思っていました。元々アメリカに行きたかったんですが、アメリカへ行くには費用がかかり過ぎるので、経済的に無理だと思っていました。

ちょうどソウルオリンピックの年で、韓国国民が世界に対し関心を持ち始めたときでした。そんな中、毎日出てくる世界のニュースのほとんどがアメリカや日本の記事で埋め尽くされていました。その中でも日本に対しては、「日本は先進国だ」「日本人は規律を守る」など、日本を称賛する記事ばかりでした。

アメリカを称賛するのは理解できましたが、日本に対しては意外な感じでした。それまで、日本は歴史的に我が国を機会さえあれば侵略して来る信用できない国だ、としか思っていませんでしたから。まして、日本がそんなに進んだ国だと思っていませんでした。さらにそのとき、日本では働きながら勉強ができると聞きました。それで、日本がそんなによければ一度行ってみるかという気持ちがわいてきて、日本に来ました。

公務員は、もっとも安定した職業で、誰もが羨む職業です。よく辞める決心をしましたね。

――そうですね。回りからは反対もされましたよ。しかし、その頃まだチャレンジ精神旺盛な若者でしたから。しかし、もしあのとき韓国を出ていなければ、永久に出る機会はなかったでしょうね。留学生活を六年間、勉強もしましたが、いろいろなアルバイトをしながら日本社会をじっくりと観察しました。そのとき、私にとって日本は多くの可能性を秘めた国だと感じました。それで、卒業後も自分の可能性を試したくて日本に残りました。まずは、日本の会社にも勤めてみました。しかし、いつまでも会社勤めをしていても仕方がありません。それでは、公務員生活を捨ててまで日本へ来たかいがないでしょう。

結婚はいつされましたか。

――妻は私が留学生時代に韓国から来ました。その後、私と一緒に随分苦労をしてくれました。

この店を始めたのはいつ頃ですか。

――この店（「大韓民国」）をオープンしたのは、一〇年前でした。ちょうど二〇〇二年ワールドカップのときで、韓国に対して日本人が関心を示し始めた時期です。大久保が急速に発展した時期でもあります。ワールドカップの試合のある日は、深夜遅くまでお客さんで賑わっていました。日本人も韓国人も一緒になってワイワイ騒いでいました。そのとき、日本と韓国の関係がよくなると確信し、ここで暮らしていけると思いました。その後に、韓流ブーム。商売は順風満帆でした。本当に、日本に来てよかったと思いました。最近の突然の韓日関係の悪化は考えてもみなかったです。

このお店以外に、何をやっておられますか。

――そうですね、CH International株式会社を経営し、不動産コンサルティング、企業コンサルティングなどもやっています。

お子さんの教育はどうしていますか。

――二人とも東京韓国学校に通わせました。上の子は、韓国学校を卒業した後、今、日本の大学に通っています。

どうして、韓国の大学に行かせなかったんですか。帰国子女として、比較的楽に名門大学に入れたはずですが。

――本人の希望です。将来、日本に住もうと思ってのことか、または帰国するとき日本の大学を出た方が有利と考えたのかどうかはわかりませんが、私は彼には合っているように思いました。交換留学でも何でも、彼が行きたいとき、アメリカでも韓国でも送ってやりたいと思っています。

将来、日本国籍を取得するというお考えはありますか。

――まだ私たちは、日本の国籍を取るのに抵抗があると思いますよ。事業のためやその他の理由で日本国籍を取るのは、自分の人生ですから自分で決定すればいいのであって、それにとやかく言うつもりはありませんが。

また、私の場合はいつか帰国するつもりでいますので、日本国籍は考えたことはありません。将来、事業体はそのまま日本に残して韓国に移り、行ったり来たりするつもりです。でも、将来は将来ですから、どうなるか誰にもわかりません。もしかしたらアメリカにいるかもしれません。

お子さんは、どうしますか。

――子供の国籍選択は本人が決めることで、将来住むところも日本か韓国か、それとも他の国かも未知数です。でも、二人とも韓国が好きですよ。できれば、韓国に帰ってほしいですが。

事業をするにあたって、国籍で問題はなかったですか。

――私の場合、それはなかったです。

韓国人に対する差別は感じなかったですか。

――過去にオールドカマーが受けたようなひどい差別はないです。特に、面と向かっての差別はないですが、目に見えないところで差別を感じます。日本人ならOKなのに、私たちはだめということが、よくあります。でも、日本で暮らすにおいて決定的なものじゃないですから、あまり気になりません。

日本国籍を取り日本人になれば、差別がなくなるのではないでしょうか。

――法的差別はなくなるかもしれません。しかし、社会的差別はなくならないでしょう。私はいつも言っているのですが、韓国人が日本社会に入って差別を受けるのは仕方がないことです。日本人も韓国社会に入れば、差別を受けます。とても貧しいアフリカの国に行っても差別を受けます。その国の者でないから。私は、韓国の全羅道の出身ですが、ソウルに行ったとき、田舎者として差別を受けました。

「田舎者だ」と言われることは、一、二年で終わらないですか。

――いくら、ソウルにいて洗練されても、出身地を見てやはり田舎者と判断され、差別はなくならないです。同じ国でもそうなんですから、国が違うと差別を受けるのは当然です。他国に住む人間としては、その差別は甘受しなければなりません。

　まして国籍を越えて政治的にも歴史的にも敏感な韓国と日本の間で差別は消えるということはないでしょう。ある程度の差別はいつも存在するので、その差別を克服できなければその国に住むことはできません。

在米韓国人は、アメリカの市民権を取るのに努力し、韓国系アメリカ人となって、国家の中枢で働いている人がいますし、現に駐韓アメリカ大使ソン・キム氏は韓国系アメリカ人です。また、アメリカ・バージニア州下院議員マーク・キム氏などのように議員になって自分たちの立場を代弁している人もいます。日本社会の一員になり、主導的に日本で暮らしていくべきではないでしょうか。そうすれば、差別もなくすことができるのではないですか。

――アメリカとは状況が違います。日本社会はまだ閉鎖的で、帰化しても自分たちの世代では日本の主流に入っていけないでしょう。

　過去にも現在にも韓国系の国会議員が日本にもいますが、彼らはどこまでも完全なる日本人であることを要求されてきました。つまり、日本人には「大和民族しか日本人になれない」という強い意識がありますから。日本のパスポートを持ったからといって日本人にはなれません。そう思いませんか。フィリピン人やネパール人が韓国のパスポートを持っているからといって、韓国人だと思いますか。

　アメリカの場合は、市民権を取れば、同じアメリカ人として受け入れてくれるでしょう。もちろん、東洋人に対して歴然とした差別意識はありますが。しかし、差別があっても、受け入れてくれるということが重要なんです。日本は、同じ日本人として受け入れてくれませんし、差別も残ります。日本も韓国も自分たちを単一民族と思っていますから、実際それは間違っているのですが、どうしても他民族の人を自分たちの同胞として受け入れることができないのでしょう。

単一民族というのは、近代に生まれた国民国家観によってつくられたイデオロギーです。

——長い歴史の間そのように教え込まれ、単一民族として生きてきたのですから、頭でわかっていても心では他民族を受け入れることができないでしょう。ですから、過去のようなあからさまな差別は問題ですが、現在も少々の差別があるのは仕方がないと思っています。韓国も、そんな大きなことは言えません。

韓国人が日本社会に入っていくためには、日本の閉鎖的社会がオープンにならなければなりません。それには、まだまだ時間がかかるでしょう。そうでなければ、韓国人だけでなく、アメリカ人が日本で国会議員になっても、少数民族として自分たちの立場を代弁するのは難しいでしょう。そして、韓国系日本人として日本社会の主流に入ることはもっと難しいです。あれだけ日本に貢献している孫正義氏でも、何か言うとすぐに「朝鮮人の癖に生意気だ」と右翼から攻撃を受けています。

しかし、次の世代つまり子供の世代になると、日本はいやおうなしに多文化社会になるしかないでしょうし、そうでなければ日本は廃れるでしょう。それなら、日本にいる必要性はなくなります。さらに、韓国が経済的にも政治的にも成長し、日本において韓国に対する認識がさらに高まると、帰化し韓国系日本人として、日本の主流に入っていけるかもしれません。

いつも問題となる歴史認識ですが、どう思われますか。

——歴史問題も同じです。今、それを日本人に言っても仕方がありません。日本人には歴史問題に対する認識がないので、私たちの内部で克服するしかありません。それより、韓国がより豊かになり、アジアをリードするようになれば、日本人の考えも変わるでしょう。韓国がいつまでも、日本の下にいれば、被害者意識だけが存在し、その反発から日本人は日本人で正しい歴史認識を持つことはできないでしょう。

私たちが、今やらなければならないことは、自分の仕事を発展させ日本社会に貢献することによって、日本の社会に受け入れてもらうことです。そうすれば、私たちに対する偏見も蔑視も薄れて来るでしょう。もちろん、同時に韓国の発展も重要です。アメリカ人やヨーロッパ人がどこに行っても無視されないのは、彼らの国が裕福で力があるからです。

これからも、韓国から日本へ多くの若者が来ると思いますが、彼らに何か一言お願いします。

——私たちは、裸一貫で来ました。オールドカマーはもっとすごかったと思います。日本へ来て二十五年近く過ぎましたが、その当時に比べ最近の若者は、温室育ちで、意志が弱く、チャレンジ精神に欠けているように思われます。

金承福さんがされている韓国文学の翻訳出版を手伝っているとうかがいましたが、それでなくても仕事がお忙しいのに。

——金承福さんがやっているのを知り、損得抜きでやらなければならないと思い、お手伝いさせてもらっています。韓流K－POPやドラマ、映画だけでなく、韓国文化を総合的に理解できる小説を日本においても流行らせたいです。これこそ韓国文化の発信です。これは、韓国、日本の二つの社会を知っている私たちニューカマーがやるべきことだと思っています。もちろん、その都度、勉強をやり直さなければなりませんので大変ですが、それでも楽しいです。仕事ではないですが、やりがいを感じています。そして、韓国人に対する日本人の理解を早めるものと確信しています。

後記：何とも迫力のある話し方だった。「差別のあるのは仕方がない」を何度も繰り返していた。もちろん、差別を肯定しようとしているわけではない。ただ、相手より自分たちが努力して相手に認めさせることによって、はじめて差別をなくせるという話は説得力のあるもので、「自分はもっと努力して、日本で成功する」と、自信にあふれていた。さらに、韓国文学の出版活動に協力し、日本人に真の韓国を理解してもらうために努めるなど、日本に住む意味を、積極的に見い出そうとしているように見受けられた。

10

留学生の世話役として世界を目指す——高《コ》卿勛《ギョンフン》

①二〇一三年一月二十九日午後五時半　②東京都新宿区大久保（韓国料理店「大韓民国」）　③有限会社DongYuMo代表取締役　④一九七二年三月二日　⑤一九九八年一月八日　⑥全羅北道　⑦妻、息

子一人、娘一人

略歴：留学に来て、日本へそのまま定着。留学センターを韓国と日本で経営し、韓国から日本へ来る留学生のため総合的な便宜をはかっている。また、留学生だけでなく、韓国からの駐在員が日本に住む手伝いもしている。さらに、日本から英語圏への留学斡旋も行う。

どうして日本へ来られましたか。

――一度、どこか外国に出たいと思っていましたが、アメリカは経費がかかりすぎます。それに反し、日本はアルバイトをしながら勉強ができると知り、日本に来ました。学校を卒業して、そのまま日本に居着いた状態です。

今、なさっているお仕事は。

――留学センターです。韓国にもいくつか支社を持ち、韓国から日本へ来る留学生の世話をしています。大学・専門学校・日本語学校など、学生の希望に合わせて紹介しています。さらに、留学生たちに宿舎・アルバイト、卒業後の就職も斡旋しています。それ以外にも、留学生たちに携帯電話やいろいろと生活の便宜をはかっています。ですから、日本に対して何も知らず準備もない学生でも、日本に来てすぐに生活でき、学校に通えるシステムを作っています。

現在に比べて、私たちの時代は、部屋探しから大変でした。なにせ、韓国人といえば部屋を貸してくれませんでしたからね。さらに、アルバイトを見つけるのがまた一苦労でした。

また、留学生だけでなく、今は、韓国から来る会社員のための部屋探しなども手伝っています。さらに、最近は、日本からアメリカやカナダ、フィリピンへの英語語学研修も斡旋しています。これは、韓国人向けというより日本人学生向けですが。

留学生に対し至れり尽くせりのサービスですね。しかし、東日本大震災の後、日本へ来る学生が減っているんじゃないですか。

――そうですね。確かに、震災の後、韓国からの留学生は減少しましたね。今、大久保全体が厳しい時期です。

震災以降、韓国人にとって日本の魅力が薄れてきたようにも感じるのですが。今後、どうなると思われますか。

――最近、日本語学校へ語学研修に来る学生は減りましたが、地震もある程度治まりましたので、韓国でEJU（日本留学試験）を受け直接日本の大学へ入学する人や、ワーキング・ホリデー・ビザをもらって日本へ来る人が増えています。韓国で、日本の魅力が薄れてきたかどうかはよくわかりませんが。日本は、アメリカや中国などの他の国と違って、働きながら学校へ通うことができます。それは、とても魅力的で、韓国の学生にとって日本への留学はまだまだメリットがあります。ですから、日本へ来る学生はそう簡単になくならないでしょう。

ワーキング・ホリデー・ビザで、韓国から日本へ毎年何人ぐらい来ますか。

――日本政府が許可する数が一年に一万人ですから、その一万人が来ますね。

ワーキング・ホリデーで来ても、終われば大部分が帰国するのではないですか。

――そうでもないです。その中の一〇％ぐらいがもっと日本にいたくて、ビザの延長のために日本語学校へ通ったり、専門学校へ通ったりしていますね。そのような人たちの世話もしています。また、その中の何パーセントかが、私たちのように日本に定着します。

しかし、この事務所（大久保）を見ても、人件費だけでも相当なものだと思いますが。それに、韓国にも支社がたくさんあるのでしょう。会社の維持費だけでも相当かかるんじゃないですか。

――韓国にある支社はソウルだけが直接経営で、他の支社はフランチャイズですので、だいじょうぶです。

今、お子さんはどのように教育なさっていますか。

――インターナショナル・スクールに通わせています。

インターナショナル・スクールは、一体どんな子が通っているんですか。

――私たちのようなニューカマー、それに日本にいる韓国からの駐在員の子弟で、在日（オールドカマー）はいないですね。また、中国人、アメリカ人、アフリカなどいろんな国の人がいますよ。中には日本人もいますね。

どうして、韓国人学校でも日本人学校でもなくインターナショナル・スクールですか。

――私よりワイフの薦めが強かったんですが。韓国や日本の学校のように子供を束縛する教育でなく、自由な教育を子供に受けさせたかったのです。

しかし、インターナショナル・スクールに通わせると、将来的に日本の学校へも韓国の学校へも進学し

にくいのではありませんか。

――韓国語も日本語もできますので、韓国の大学にも日本の大学にも入学するのに差し支えはありません。さらに英語ができるので、アメリカなど英語圏の国にも留学できます。韓国語、日本語そして英語が話せるようになり、将来的に韓国・日本にとらわれず、グローバルな仕事ができると思っています、私の個人的な考えですが。今は日本に住んでいますが、将来どこに住んでも構わないと思っています。私の希望でもありますが、子供には、もっと自由に世界を飛び回ってほしいです。

過去にオールドカマーは、日本に住み続けるのか韓国に帰るのか、葛藤がありましたが。それはないですか。

――半数以上は、将来韓国に帰国しようと思っているのではありませんか。私たちは自分の意志で日本へ来ました。自分の意志でどこへでも行けるのです。ですから、葛藤というようなものはありません。日本が嫌になれば帰国してもいいし、また他の国に行ってもいいです。それだけです。

しかし、ここに会社がありますから、そう簡単に帰国はできませんよね。それに、お子さんたちは、韓国より日本の生活の方が楽なはずですよ。

――私の場合は、韓国にも会社がありますから、ほかの人たちとは少し状況が異なると思います。また、どこに住んでいるかは重要ではありません。ただ、どこで経済活動をしているかです。そして、その場所は、非常に流動的です。今、日本にいますが、その先はわかりません。ですから、先ほど申し上げた「半数以上は、将来韓国に帰国しようと思っている」というのは、あくまでも願望を述べただけです。また、子供たちにも、どこででも住めるように教育しています。

奥様は、帰国しようとおっしゃいませんか。

――むしろ、ワイフは日本が好きで、ここにいたいと言ってますよ。

この先、まだ民族性を保っているニューカマーがどんどん帰化して、韓国系日本人を日本で成立させるべきだと思いませんか。

――私たちの時代は、まだ韓日の歴史問題があり、日本国籍取得には少し抵抗があると思います。しかし、これから、特に次の世代からは、国籍を取り、民主党の白眞勲氏のように国会議員になる人も増えてくるでしょう。そうすれば、日本社会の主流にもなりえるでしょう。孫正義氏がそうですよね。

問題は、そのような彼らが、韓国系日本人を代弁してくれるかです。つまり、私たちの利益を守ってくれるか。他の国での少数民族の国会議員が、その民族を代弁しているように。

――これからは、そのようになっていくと思います。アメリカの市民権を取って、地方議員や国会議員になって、韓国系アメリカ人の代弁者となっている人がいるように、日本でもそうなるでしょう。

日本国籍を持つことに対し、なぜ抵抗感がありますか。

――さっきも申し上げましたように、私たちの年代は抵抗感があります。やはり、歴史問題でしょう。それに、単一民族という意識が強い日本社会では、帰化しても同胞として受け入れてくれないでしょう。日本国籍を取って日本社会に入っても、差別はそう簡単になくならないでしょう。差別をなくすためには、日本がグローバル化しなければなりません。これには長い時間がかかるでしょう。

しかし、子供や事業のために、または政治目的のために国籍を取得するということは、自分の人生ですから自分が決めることです。他人がとやかくいう問題ではありません。国籍取得はあくまで個人的な問題です。

過去において、韓国が貧しかったときは、ただ国のためと言われ、国籍離脱者は裏切り者のように思われて来ました。しかし、韓国が経済的に政治的に成長したので国籍取得は十分に可能ではないでしょうか。

アメリカに行けば市民権を取ろうと思わないですか。

――アメリカ人は市民権を持てば、すぐにアメリカ人として受け入れてくれます。もちろん、東洋人に対する差別は存在していますが。しかし、アメリカ人として受け入れてくれるということが重要です。たとえ帰化して日本国籍を取得したとしても、大和民族でなければ、法律的にはどうであれ、日本社会は日本人として受け入れないでしょう。日本は、外国人が増え多文化社会を目指すといっていますが、最近は世界が向かっているグローバリズムに逆行するかのように、ナショナリズムが強くなってきています。これは、日本にとっても不幸なことです。

世界の国の中でも、韓国と日本は自分たちを単一民族と考える意識が強いですからね。

――日本も名目上は単一民族です。実際はそうではありませんが。さらに島国なので、より閉鎖的です。今までの歴史によってそのように成立してきました。

そこに、韓国人にとっては、過去の歴史問題がプラスされます。

――歴史問題は、我が国が豊かになると乗り越えることができる問題です。我が国が今よりもっと裕福になり、政治的にも経済的にもアジアをリードするようになれば、解決できる問題です。日本がいつまでも韓国を経済的にも政治的にも圧倒していれば、われわれの被害者意識はさらに強くなり、日本人は私たちを正当に評価できなくなるでしょう。

韓国文学の翻訳出版に、ボランティアで参加されていますね。それはまた、どうしてですか。

――別に深い意味はありません。仕事をしていて、特に韓国からの留学生を扱っている関係上、彼らが日本の書店に行ったとき、翻訳された韓国の小説がないというのはあまりにも寂しいじゃないですか。韓国の書店には、翻訳された日本の小説が山積みにされているのに。韓国にも日本に負けないくらいよい小説がたくさんあります。それらを、是非、日本人にも読んでほしいです。読むことによって、日本人は私たち韓国人を真に理解できるんじゃないですかね。韓流よりずっと深く韓国を理解できるはずです。皆で集まって文学の話をするのは、楽しいものです。また学生時代に戻ったようです。

後記：若さを感じさせる熱弁であった。一つ一つゆっくりと考えながら話す姿は、まさに留学生の世話役という感じがした。仕事柄、World-OKTAなどの活動はしていないが、会社を韓国と日本に持ち、絶えず韓国と日本を行ったり来たりしているせいか、その感覚は、ニューカマーとも本国にいる韓国人とも区別がつかない気がした。そのためか、在外公民にありがちの強烈なナショナリズムは感じず、国、国籍に関してむしろ自由であった。その反面、日本、また韓国に対して、自分が何をすべきかをわきまえていた。そのあらわれが、翻訳活動であろう。

11　無鉄砲な肩書きなしの一匹狼――金鐘来《キムジョンレ》

①二〇一三年一月　②東京都新宿区百人町（「無鉄砲」）　③韓国料理店「無鉄砲」、「味韓」経営　④一九七二年八月五日　⑤一九九八年一〇月　⑥釜山　⑦妻、息子一人、娘一人

略歴：突然、ソウルでの会社勤めを辞め、伝手もなく、ただ自分の力を試すため日本へ来て、現在韓国料理店二店舗を経営。

どうして、日本へ来られましたか。

――ソウルで会社勤めをしていましたが、人に雇われて一生を終えるのが何かつまらなく感じました。自分の力を誰も知っている人のいない所で試したいと思い、日本に来ました。アメリカも考えましたが、韓国の近くにある先進国、日本が私のチャンスの地と思えたのですね。

頼れる知り合いはいたのですか。

――いや、まったくいませんでした。

店の名前そのままの「無鉄砲」ですね。

――そうかもしれませんね。

ところで大久保へは、いついらっしゃったんですか。

――八年前に来ました。韓流が始まる少し前でしたが、すでに韓国人がここにたくさん集まって住んでおり、韓国商店街も形成されていました。そして、コリアンタウンとして観光地化されており、日本人の客が多く訪れているときでした。

日本で商売するのに難しい点はなかったですか。

――昔は難しかったという話をたくさん聞かされましたが、私が始めたときはすでに韓国商店街が形成されていて、さらに、その後の韓流ブームで比較的に順調にやって来られました。最近は、韓流の熱が冷めてきたのか、少し停滞気味ですが。

ただ難しかったのは、どこでも一緒ですが、すでにできあがった街でしたので、なかなか新参者が入りにくかったことでしたね。

その前にも、韓国料理店を経営していたのですか。

――いいえ。日本に来て初めてです。といっても、何も知らずに始めたのではありません。それなりのノウハウは伝授してもらって、それから毎日が努力の積み重ねで、今やっと落ち着いているところです。もちろん、まだ新メニューの開発に余念はないですが。

ところで、結婚はなさっているのでしょう。奥様とは日本で知り合ったのですか。

――ええ、妻も韓国人で、知り合ったのは日本ですが、八年前に韓国に行って式を挙げました。

お子さんは、息子さんと娘さんがいらっしゃいますが、教育はどうなさっていますか。

――そのまま普通に、日本の学校に行かせていますよ。どうしても日本で暮らしているので、今、必要なのは完璧な日本語と日本への知識です。それで、日本の学校に通わせています。そして、家でもできるだけ日本語を使うようにしています。

それでは、韓国語を話せなくなりませんか。

――それが問題ですが、韓国・韓国語を知ってもらうため、夏休みや冬休みには、私の親がいる韓国に送って生活させています。ですから、ある程度韓国語もできますし、韓国の生活にも慣れています。

それでは、日本語と韓国語を混同して、おかしくならないですか。

――今まで特別に問題はなかったです。もちろん、会話自体は韓国語より日本語の方が楽なようですが。

韓国のどこへ行かせているのですか。また、お子さんは韓国をどう思っていますか。

――釜山です。一年に一、二回ぐらい連れて帰ります。私が釜山を出てソウルで働いていたときに正月などに釜山に帰るのと、気分的にそんなに変わりませんよ。ですから子供も、他の日本人の友だちが休みに田舎へ帰るのと同じ気分じゃないですか。そんなに深い考えはまだないと思います。お祖父ちゃんやお祖母ちゃんに会えるのですから、韓国は嫌いじゃないと思いますが。

ご両親は、お元気ですか。

――はい、おかげさまで。しょっちゅう帰って来いと言ってくれます。それぐらいなら韓国でも十分に稼げるのにどうして日本で苦労する必要があるのかと、いつも言っています。

ご兄弟は。

――弟が二人います。二人とも日本に来て、一年間アルバイトしながら日本語学校にも通っていました。今は帰国して韓国で暮らしていますが、弟はやはり韓国がいいようです。私のように、日本がいいと思って暮らしている者もいれば、帰国する者もいます。人それぞれ、それでいいじゃないですか。

今、永住権を持っていらっしゃいますか。

――まだ持っていませんが、そろそろ申請しようかなと思っています。しかし、今のままでも、商売をするうえで、大した不便は感じていません。子供の進学などを考えた場合、やはり永住権はあった方がいいと思っています。

永住権を取得した後に、日本国籍まで取得する考えはありますか。

――それは、考えたことがないです。

どうしてでしょうか。

――日本で暮らしているからと言って、日本人になる必要性は感じていません。日本人になりたくて日本に来たのではなく、日本で自分の力を試したかっただけですから。税金を払い、日本の法律を守り、義務をちゃんと果たしていれば、それでいいじゃないですか。今まで日本の国に迷惑をかけたことはありませんし、日本社会の活性化のためにも、働き盛りの私たちが多くいることはいいことではないですか。

いつかは、国に帰るつもりですか。

――年を取って働けなくなった時点で、帰りたいですね。たとえ帰らないとしても、日本人になるつもりはないです。日本を嫌いだと言っているのではありません。ただ「韓国人として生まれたんですから、韓国人として死にたい」。それだけです。あまり深い意味はないです。

アメリカに渡った韓国人のほとんどがアメリカの市民権を取るため努力しますが、それに反し、ニューカマーは日本国籍を取得しようとしませんが、なぜだと思いますか。

――今は生活の基盤が日本にありますので日本を去ることはできませんが、日本に心底から馴染めないのでしょう。私たちの問題としてではなく、日本とは歴史問題がどうしても存在します。また、日本が好きで来たのですが、日本社会の閉鎖性は、私たちを帰化しても受け入れてくれないでしょう。アメリカは差別があっても、私たちをそのままアメリカ人として受け入れてくれます。日本人にとって、他文化は面白く見るものであって、他文化を持った者は決して共存の対象ではありません。そして、日本社会に受け入れてもらうためには、徹底した同化が要求されます。

お子さんたちは、韓国語より日本語のほうが上手でしょう。日本の学校に通って、友達も日本人ですよね。いくら休みに韓国で暮らしたとしても、日本の生活のほうが慣れているはずです。ですから、将来的にも日本にいる方が、自分の力を発揮する機会も多いと思われます。将来、帰化したいと言い出したら、どうしますか。

――私は反対するでしょうが、本人が帰化したいと言えば、それは仕方ないことです。本人の人生ですから。また、日本もいつまでも閉鎖的な社会でいられないでしょう。今、多くの外国人が日本で経済活動をしています。これは、日本社会が必要としたから受け入れたのであって、必要でなければ受け入れないでしょう。もし、これらの外国人がすべていなくなれば、日本の経済は打撃を受けるはずです。ですから、日本が発展していくためには、外国人を受け入れる社会に変えていくしかありません。そうなったときに帰化すれば、多くの機会が得られ、日本社会の主流にも入っていけるのではないでしょうか。でも、韓国人であることをいつまでも忘れてほしくないです。

大久保には、これからも韓国からのニューカマーがたくさん来ると思われますが、将来的に大久保はど

うなると思いますか。

——今まで深く考えたことがなかったので、よくわからないですが、このままというわけにはいかないと思いますよ。最近は、韓流ブームも一時期ほどではないですし、韓国人以外の外国人も随分増えましたからね。コリアだけでなく、もっと国際化するのではないですか。そしたら、もっといいですがね。ただ、私としては、自分の店を一生懸命経営するだけです。

オールドカマーに対してどう思いますか。

——国籍に対するアイデンティティを持っていると思います。

オールドカマーの三世四世は完全に日本人化していますが、これは将来ニューカマーの二世三世にも言えるのではないでしょうか。

——オールドカマーたちは日本社会の中で差別を受けて育ってきましたが、だからと言って、今から韓国に帰って生活できるわけでもありません。過去においてオールドカマーと韓国は断絶していました。今のように韓国へ簡単に行ける時代じゃなかったでしょう。また、韓国から日本への往来も限られていました。つまり、韓国・韓国人との接触はなく、韓国・韓国人を知らずに暮らしてきました。だから、韓国人であるとの認識はあっても、韓国を知らず韓国人としての心を持っていません。日本・日本人の中で、日本人に同化していくしかなかったと思います。

私たちの子供も日本に暮らしているので、ある程度同化していくことは止められないでしょう。また、それが自然の流れだと思います。しかし、今は、先ほど申し上げたように田舎に帰るような気持ちで簡単に日本と韓国を行き来できます。そのために、韓国人であるとの認識とともに、韓国人の心も持ち続けることができるはずです。今のオールドカマーのように完全に日本人として日本社会の中に埋没してしまわないと思います。

ニューカマーの歴史はオールドカマーと異なり、日本において韓国人の新しい歴史を切り開くと思いますが。

――オールドカマーの場合は、自分が願って来たというより、時代の状況として日本に住み着いたと言えます。そして、先ほど申し上げましたように、戦後は簡単に韓国と往来できる時代ではなかったです。彼らにとって、この日本が生きていく唯一の場所でした。そのため、自分たちの権利を主張していかなければなりません。義務はすべて果たしているのですから。しかし、ニューカマーは日本が好きで日本に来ました。もし、日本が嫌になれば韓国に帰ればいいのです。ですから、今のニューカマーは、オールドカマーのように日本に対する執着心はないはずです。

これは、ニューカマーも二世三世の時代になれば、変わっていくと思います。唯一彼らの祖国との繋がりである祖父、祖母は死んでいなくなり、また、世界の流れに日本も逆らうことができず異文化を持つ外国人にも開放的になると思います。そのとき、韓国系日本人として、多文化社会の日本で主導的に生き、貢献できると思います。

韓国政府に望むことはないですか。

――韓国政府の対日政策が、ここに住む私たちに大きな影響をおよぼすことを忘れてほしくはないです。たとえば、去年の突然の大統領「独島（竹島）上陸」などは、私たちに大きな影響を与えました。特に、日本の極右勢力を活気づけ、最近では毎週週末に、営業妨害のデモが行われています。もちろん、国益のために（大統領が）行動するのはいいのですが、単なるパフォーマンスとして、在外国民に迷惑をかけてほしくないです。あれ（独島上陸）によって、得たものはなく、むしろ状況が悪化しているだけじゃないですか。

後記：紹介なしで、ぶらっと入った店の名前が「無鉄砲」、忙しいにも関わらず、気楽にインタビューを受けてくれた。店の名前「無鉄砲」とはイメージが異なり、好感のもてる実直な人であった。「韓国人として生まれたんですから、韓国人として死にたい。それだけです。あまり深い意味はないです」という一言は、私の質問を無意味なものにしてしまった。たえず口にした「深い考えはない」という言葉とは反対に、じっくりと考えながら実に明快な答えを出してくれた。徒党を組み付和雷同するタイプでなく、いつも自分をじっくり見つめている肩書きなしの一匹狼に思えた。控え目な話し方とは反対に、酒でも飲ませれば「無鉄砲」な人生の話が聞かれるような気がふとした。

12　日韓の和解を求めて、一同に集える広場を――金根熙《キムグンヒ》

①二〇一三年一月三十一日午後二時半　②東京都新宿区大久保（コリアプラザ六階）　③株式会社韓国広場・株式会社イオタ代表取締役

略歴：池明観先生をたよって日本に来て、一橋大学で博士課程を終えた後は、学問の道に進まず、韓日和解の道を求め「韓国広場」を創設し、その広場から韓国文化の紹介に努めてきた。

どうして日本へ来られたのですか。

――八五年当時、韓国は全斗換《チョンドゥファン》政権時代でしたが、民族統一実現のために私なりの役割を果たすためにはどうすればよいか、民族統一への糸口は何なのかということを常に考えていました。その結果、同じ民族としての同質性が確保されなければ、統一は難しいだろうと考え、まず北朝鮮の人々の意識を知る必要があると思いました。そして、北朝鮮の教科書を通してその社会を見れば、そこに住む人々の意識がわかるだろうという結論に至りました。特に北朝鮮は、外部の情報から遮断された世界です。人々はそのまま教科書を信じるしかなく、それをもとに自分たちの意識を形作っているはずだと考えたのです。

その当時、韓国で何をしていたんですか。

――大学院生でした。神学科で「教会の歴史」を研究していました。それもあって、私は民族のために微力ながら自分が果たせる役割が何なのかをずっと考えていたんです。南と北の意識にどんな差があるのかが教科書には出ているはずです。どの国の教科書にせよ、国民に教えるべきことを取捨選択し、国家が望む意識を国民に持たせるよう編纂されています。特に社会や歴史の教科書がそうです。自分の経験からしてもそうですが、自己の判断能力でその内容を検証できるようになるまでは、教科書の内容を真実として受け入れます。それによって自分の社会的意識を構築していきます。特に、小中高生たちはそれを真実として捉えます。教科書問題は重要です。ですから、いつも韓日間で問題となっているでしょう。北朝鮮の教科書も当然そうです。

北朝鮮の社会科や歴史教科書において、民主主義が、また宗教がどのように教えられているかを知ることによって、民族の同質性回復への道を探ることができると思いました。しかし、当時、韓国では北朝鮮の教科書を見ることができませんでした。それで、日本へ行けば北朝鮮の教科書を手にいれることができるのではないかと思い、日本へ来ました。初めて日本に来たとき、偶然池明観《ジミョンクワン》先生(4)の存在を知り、日本で勉強したいと思うようになりました。

池明観先生は、当時日本で半亡命生活を送っていた方で、確か東京女子大学にいらしたと記憶しています。しかし、そのような方と知り合いだったら、帰国したときに問題はなかったですか。

――確かにそういう時代でしたね。しかし、私の場合は韓国に戻っても幸い無事でした。そして、大学に復学しようとしましたが、ちょうどそのとき、私の指導教授が研究休暇で大学に不在でした。それで、復学しても仕方がないと思い一年間休学し、次年度（八六年度）の復学を予定していましたが、子供ができ復学が延び延びになってしまいました。それで、池明観先生に連絡したところ、「それならいっそのこと日本に来なさい」とおっしゃったので、八六年に来日しました。

そのとき、一橋大学で何を勉強したんですか。

――すぐに一橋大学に入ったのではなく、立教大学の山田昭次先生が一橋大学を紹介してくださいました。それで、試験を受け大学院の社会学研究科に入りました。

一橋大学は人文系では東京大学と肩を並べる名門大学で、過去においては商学部が、最近は社会学部が有名と聞いております。また、博士課程を修了したのですから、当然研究の道に進むおつもりだったと思われますが、どうしてまた起業されたのですか。

――ちょうどそのころ、ウルグアイ・ラウンド（Uruguay Round　貿易の自由化促進等のための通商交渉）が始まっていたんですね。私は、このウルグアイ・ラウンドが人類史において非常に重要なポイントの一つと考えました。

まず、人類の歴史において、産業革命以後に世界が激変しますね。工業化によって大量生産が可能になりました。しかし、大量生産のためには多くの原材料が必要となり、しかもそれを売る市場も当然必要となりました。そこで、原材料と市場を確保するために植民地を必要としました。こうして、産業革命に繋がる近代帝国主義が出現しました。これは人類史上最も大きな変化の一つと言われています。

次は、そこからくる矛盾、すなわち資本の力の増大による横暴な分配システムから外れた労働者階級が大量に発生します。持てる者と持たざる者の格差はどんどんひらき、これが社会主義や共産主義を生みだしました。このような社会的な矛盾や国家間の軋轢が二度に渡る世界大戦を引き起こしたと思うんです。

そして、第二次世界大戦後の世界は、東西冷戦構造の中、イデオロギー闘争と熾烈な生産力競争が繰り広げられました。その過程で資本主義社会に現れた新しい世界秩序がＷＴＯです。当時はウルグアイ・ラウンドと呼ばれていましたが。私はこれをとても重要なポイントと考えたわけです。もちろんそれには、情報共有システムの飛躍的な進展と共に、グローバリゼーションという世界的な変革が伴います。ウルグアイ・ラウンドの最も大きな特徴は、グローバル資本の利益が最優先されるということです。これに対して、私たちが有効に対処する方法は地域内での協力しかありません。つまり、アジアの協力は、アジアの地域内で行うしかないのです。現在はＦＴＡが全世界で行われていますが、アジアの協力を成功させるためには、韓中日三ヶ国が手を取り合わなければなりません。

しかし、当時過去の歴史問題があまりにも足枷となっていました。今もそうですが。「仲直りのメッセージ」や「許しのメッセージ」は可能だろうかと思い、歴史を社会学的な見地からもう一度勉強したくて、それで一橋大学の社会学研究科の門を叩いたわけです。

入って勉強してみると、学問研究というものは「友達を作る道具」にはならないことがわかりました。論文検討や資料分析は、何が正しいかというよりは、何が間違いで問題点が何であるかを徹底的に追及するものです。私が求めたい「仲直りのメッセージ」や「許しのメッセージ」は、学問ではなく実際の生活の中からしか見いだせないと思うようになりました。博士過程を終えた後、学問の道に進まず今のような道に入ったわけはそこにあるのです。

私が目指すものは、韓日の共生です。だいたい韓日間は、いがみ合っていた時期よりも仲よくやっていた時期の方が遥かに長いのです。これは、古代から続いた文化交流を見ても明らかです。ただ、歴史書を見ると、いがみ合っていたことばかりが記載されています。確かに仲よく平穏な時期は記事になりませんが。

しかし、昨今の状況は、過去の傷に触れ、さらには傷口に塩を塗るような悪趣味な人が大勢いて困ります。これを乗り越えるためにはどうすればいいか、その方法を考え実践することが私のライフワークとなりました。私がすべきことは、日本人に仲直りのメッセージを送り続けることです。

それが、「韓国広場」を始めた理由とどんな関係があるのですか。

――私は、「友情」という名を掲げ、これは韓日の友情ですが、創業しました。創業精神は「日本と韓国の共存共栄を目指す」、経営理念は「日韓友情に貢献する企業」ということで、一九九三年の創業以来「韓国広場」は、日韓両国民間の相互理解と共存共栄のために、韓国生活文化の紹介・普及に全力を尽くしてきました。

「広場」というのは人が集まるところです。ここに六枚のポスターがありますが、これらをよく見てください。ここに私のモットーが凝縮されています。まず一枚目が「ここに民がいる」、二枚目が「ここに食がある」、三枚目が「ここに音がある」、四枚目が「ここに情報がある」、五枚目が「ここに遊びがある」、六枚目が「ここに広場がある」です。この「広場」というのは、ここに来れば韓国のすべてがある、つまり韓国の生活文化に触れることができ、日本人と韓国人が一同に集い楽しめる場を意味します。

この「韓国広場」に続き、一九九七年に「コリアプラザ」、二〇〇〇年に韓国料理「高麗」、二〇〇四年に「仁寺洞（韓国伝統工芸品）」などを開業してきました。韓国生活文化を日本人に紹介することによって、韓国をより正確に日本人に理解してもらい、韓日友情の輪を広げていくのが目的です。

将来、日本国籍を取得する考えはありますか。

――それはないです。韓国と日本の和解を求め、友情を築いていくのが私の目的です。その私が日本人になってしまえば意味はないでしょう。つまり、韓国人と日本人と仲よくやっていくことによって、韓国、そして日本、さらにアジアの未来があると信じています。これが、私のやるべきことだと考えています。

近くの川崎や遠く大阪の鶴橋など、オールドカマーが集まって暮らしているところを歩いて回ったんですが、圧力のもとに同化が相当進んでおり、とても韓国人の集落とは思えませんでした。

私は、同化された韓国文化でなく、韓国生活文化そのままを日本に紹介したいと思っています。そうすることによって、韓国をより正しく理解してもらえると思っています。

お子さんが、将来帰化すると言い出したら、どうしますか。

――それは、子供の問題で私の問題ではないです。すべて子供に任せます。

これから、大久保のニューカマーはどうなっていくと思いますか。

――韓流ブームはバブルと同じで、いつかは弾けてなくなるものです。今までが過剰だったのです。しかし、韓国人は時代の流れに対応するのが早いですから、心配はいりません。過去において、わずか数軒の韓国料理店しかなかったこの大久保を、誰に指示されたわけでもないのに、数年の間に、今や韓国関連店舗が三〇〇以上ある街に築き上げました。「最も強い者が生き残るのではなく、最も賢い者が生き延びるのでもない。唯一生き残ることができるのは、変化できる者である」。チャールズ・ダーウィンの言葉です。

私が、二〇数年前、職安通りを調査したときは、一〇坪程度の韓国食品店二つと韓国食堂が二つしかありませんでした。しかし、当時私はこの地域が、自分がやろうとすることに最も適していると考え、

「韓国広場」をオープンしました。まずはこの地域に韓国生活文化のショーウィンドウを作ることが目的でした。つまり、第一段階は「窓」、飾った韓国でなく韓国をそのまま見せる所です。第二段階が「場」、人の集まる場所です。そこは、人々が韓国生活文化を体験する所です。第三段階は、「港」です。体験して伝える。ここを通して日本と韓国の融和を、そしてそれを日本全国に、さらに韓国にも発信することです。第一段階では、韓国にもっともっと関心をもってほしいということです。第二段階では、韓国、韓国人を知ってほしい、韓国文化を知って感動してほしいということです。最後の第三段階は、韓国を心から楽しんでほしい、つまり「遊び」ですね。そこに、日本人と韓国人の融和が生まれます。つまり、関心→感動→融和です。このような目標を持って「韓国広場」を作りました。しかし、作った当時は、こんなに早く、これほどまで大規模に実現するとは思ってもみなかったです。

ただ、残念なのは、あまりにも急激に発達したため、計画的に街作りがなされず、そして思ってもみなかった韓流ブームに安易に乗ってしまったため、最近歪みが生じ、秩序が乱れていることです。たとえば、ここに来れば韓国のものがなんでも手にはいるという多様性が売り物であったにも関わらず、いつのまにか売れるものだけが店頭に並び、多様性を欠いてきたということなどがあげられます。どこにいってもサムギョプサル、韓国化粧品でしょう。

オールドカマーとの関係をどのように考えますか。

——私は、民団の中央委員会に入り、東京商工会議所の副会長にもなりました。常に、民団と一緒にやって来ました。韓人会を作るときには反対しました。できた後は、すでに存在しているので否定はしませんが。理由は、そうでなくても日本には南と北の団体が二つあるのに、さらに南の団体が二つできることには賛成できなかったからです。私たちは民団に積極的に参加し、その内部で役割も果たさなければなりません。もちろん、国民団体である民団も現状に合うように改革していかなければならないでしょうが。ニューカマーをオールドカマーと区別せず、同じ在日として、積極的にニューカマーを受け入れる環境作りをしていかなければならないでしょう。同じ民族が二つの団体を持つ必要はないです。しかも、他国においてですよ。

これからも、大久保に多くのニューカマーが入ってくると思われますが、彼らに何か一言お願いします。

——自分の思うように生きてほしい。誰かに強要されることなく、自分の文化を貫いてほしいです。そうすることによって、日本においても自然体で暮らしていけます。

後記：一橋大学の韓国人留学生の間では、伝説的な人物となっている。成功した実業家と会って話しているというより、学者から本人の学説を聞かせていただいたという方が正しいであろう。韓日の和解への新しい道を理論的に提示し、それを実生活において実践する。ニューカマーの実業家というより、在日コリアンの新しい指導者になりえる人物に思えた。韓民族の和解の糸口を求め日本に来て、さらにアジアの協力の実現のために絶対に欠かせない韓国と日本の和解を求め、実際に韓国人と日本人が一同に集える「広場」を作り出す。「自分の思うように生きてほしい。誰かに強要されることなく、自分の文化を貫いてほしいです」という言葉は、いつまでも心に残る言葉であった。忙しい合間の短いインタビューであったのが残念であった。

13 K－文学によって韓国文化の真の理解を――金承福《キムスンボク》

①二〇一三年二月五日午後二時二十分　②東京都中央区月島　③株式会社クオン、株式会社オントフ代表取締役　④一九六九年三月二十五日　⑤一九九一年九月十三日　⑥全羅南道　⑦独身

略歴：韓国で芸術大学を卒業後、留学のため来日。日本で大学を卒業後、広告会社に勤め、現在独立して出版業を精力的に行い、現在日本において韓国文学の普及に努めている。

どうして、日本へいらっしゃったんですか。

――韓国において海外旅行の自由化が一九八八年に始まったんですが、当時、海外留学もブームでした。私は、ソウル芸術大学に通っていたんですが、先輩たちは自由化の前からすでに留学する人が多かったです。そんな環境だったせいか、「韓国だけがすべてではない」という考えが、十九、二〇歳のときからあったんですね。それで、私も海外に出て他の世界を見たいと思いました。

芸術でしたら、日本でなく、アメリカやヨーロッパではないですか。

――私もイギリスへ行きたかったのですが、末娘なので親から許してもらえなかったんです。どうしてだめなのか、と聞けば、イギリスは遠いということでした。それで「近い国ならいいね」と言って、日本へ来ました。ですから、日本というより、外の世界を見たくて来たんです。

日本で何を学びましたか。

――日本大学芸術学部で演劇をはじめ文芸評論を勉強しました。

最近は、韓国のレベルもとても高くなりましたが、その当時はやはり演劇においても日本のレベルは高かったですか。

――韓国のレベルが高いとか日本が高いとか、そのように比べたりしませんでした。どこに行っても、学ぶことは多いです。

しかし当時は、日本で学んで帰国すれば、歓迎された時代ではなかったですか。

――そうだったかもしれません。私は、日本で随分長く学校に通いました。学習院大学に通ってからやめて日大に入り、そうこうしているうちに卒業したのは九七年度でした。そのとき、ちょうど韓国はIMF経済危機で、帰国しても就職が難しかった時代です。それで、無理して帰る必要はないと思い、そのまま日本で就職しました。日本に来たのは流れ、日本で就職したのも流れでした。ですから、歴史的な使命感や熱烈な愛国心を持って日本で暮らしているのではありません。

日本では、どういう会社に勤めましたか。

――小さな広告会社で、企画もすれば営業もしました。

その広告会社の仕事をするうえで、韓国との関係はありましたか。

――はい、韓国人なのでコリアセクションを担当させられました。韓国企業からの依頼があったとき、韓国企業との意見調整などを主にしていました。三年くらい仕事をしているうちに、その会社でコリアセクションの部署がなくなりました。それで、そこで扱っていた仕事を引き受けて独立しました。つまり、私が担当していたセクションをそのまま受け継いだことになります。社内独立のようなものです。席もそのままでしたし。

それはありがたいですね。単に首というより。

――そうですね。しかし、給料をもらっていた会社に、次からは間借りという立場になりましたので、家賃を会社に払わなければならない立場になりました。ですから、会社としては採算が合わないので、私に任せたようなものです。

今も、そのお仕事を続けていますか。

――ええ、その会社も続けていますが、今は、主に出版の仕事を手がけています。

どうして出版ですか。学んだ勉強と差があるように思えますが。

――差はないでしょう。プロデュースをするのは同じで、本もプロデュースするものじゃないですか。

翻訳も直接なさるんですか。

――翻訳は専門家にお願いしております。

日本の本は、装幀もいいし、ここで勝負するのは大変でしょう。

――そうですね。だからそれ以上の物を作るように努力しなければなりません。しかし、私は環境のせいにはしたくないです。私はしたいことを、我慢できない質なんです。

主にどんな韓国の作品を紹介するんですか。小説ですか。

――私どもが今出しているシリーズは韓国文学でK‐文学と名付けて、K‐BOOK振興会も作って、そこで面白い韓国作品を紹介する作業もしています。

韓国では、日本の小説がたくさん紹介されていますが。

――一〇〇対一ぐらいですね。韓国で日本の小説の翻訳版が一〇〇〇冊出れば、日本では一〇冊程度です。

こんなに日本で韓流ブームが巻き起こったのに、文学作品は関係ないですね。

――人気がないのではなく、紹介されなかったということです。作品がなければ、人気の上がりようがないじゃないですか。韓国の作品を読者に提供し続けることによって、人気も出てくると思います。日本の作品も最初から韓国で人気があったのではありません。もちろん、植民地時代があったため、歴史的に韓国の知識人たちは日本の小説に違和感を抱きませんでした。これも、日本の小説が韓国で人気がある一つの要因ではあります。しかし、日本の小説がこんなに急激に人気を集めるようになったのは、ここ一〇年ほどのことです。日本のアニメーションを見て育った世代が、違和感なく日本の文学作品を受け入れたのではないでしょうか。はじめからメインカルチャーが受け入れられるのではなく、サブカルチャーから入りそれが定着した後、メインカルチャーが受け入れられるものです。

このようなことをしているのは、金さんだけですか。

――意志さえあれば誰でもできるはずですが、K‐文学を専門に出す所はあまりないようです。今は手始めの段階です。畑を耕している段階と言えます。

しかし、それでは儲かりませんね。経済的には、最初の会社の運営に頼っている状態ですか。

――今はそんな状態です。しかし、この仕事はやっていて楽しいですよ。楽しいから続けていけるのかもしれませんね。

確かに、人気が出る可能性は高いですね。

――そうでなければ、困りますよ。サブカルチャーが定着した後、純文学が受け入れられるということが、世界の多くの国々で立証されているじゃないですか。日本でも、韓流があるんですから、韓国の文学も受け入れられると思います。韓国のコンテンツが持っている力、ストーリーももちろんありますが、韓流、K－POPやドラマ、そんなサブカルチャーの力が躍動し、それらをもとにして始まります。

マニアだけが好きな韓流でなく、韓国の文化が日本に定着することができると思いますか。

――それは、必ずしも文学だけではなく、これからも韓流が持続的に成長するのかという質問と同じだと思います。それに対して、心配する人々が多いです。ブームではないか、いや持続するはずだ、と賛否両論ですが、実際に持続しています。これは力があるからです。結果として、根が張られ始めて来たと言えます。そのうちに花が咲くでしょう。

力があることは、ニューカマーを見れば感じられます。

――そして、根拠は流れだけを見て言うのではなく、作家たちの力量からも言えます。二〇〇〇年を迎えた頃から、韓国国民がグローバル化してきました。ですから、発想自体が世界を歩き回った結果であって、そこから普遍的な話を作り出すので、力があるコンテンツを作り上げることができるのです。日本の作家だけでなく、韓国の作家たちも当然世界で認められるでしょう。もちろん、すでに認められている作家もいます。私はいつも、作品を読んで、ものすごく力があると感じています。ですから、韓国文学が日本で受け入れられる日も近いでしょう。

日本での出版関連の仕事で、難しいことはなかったですか。

——お金にならないのが、一番難しいですね。私はあまり環境や他人のせいにしたくないです。私が女だから、韓国人だから、ここが日本だから、こんなことを考えていても仕方がありません。

日本では韓国人が部屋を借りるのも難しい、という現実もありますが。

——私は、二〇年以上も日本で暮らしてきましたが、韓国人だから差別を受けたという記憶はあまりないです。苦しかったこともあまりなかったですね。実際にはあったかもしれませんが、あまり感じない質ですから。私がこのようになった理由は、私に実力があるからではなく、韓国にいたときから何でもできるという自信を身につけていたからです。ですから、日本に来ても誰の前に立っても怖気づくことはありませんでした。私に韓国人だから差別を受けるという発想自体がないのは、私がそれを感じなかったからと言えます。

これからも日本に住むつもりですか。

——まだ、ここでやりたいこともありますので、これからも日本で暮らしていきますが、しかし、必ずしも日本でなければならない理由はありませんが。

今、永住権は持っていますか。そして、将来的に、日本国籍を取得するつもりはないんでしょうか。

——永住権も別に必要ないでしょう。自由に韓国に行ったり来たりできればいいのであって、永住権だの帰化だの、意味があるようには思えません。少なくとも、私にはそうです。

金さんは、結婚もなさっていないし、人の目を気にせず自分の好きなことをやってこられた、社会に縛られずに自由に暮らしていらっしゃいますね。そして、考え方も非常に自由です。もし、家族がいてお子さんがいて、他の仕事をなさっていれば、どうでしょうか。

――子供がいて、会社をもっと大きくしようとすれば、考えるかもしれませんね。

自分が住んでいる世界を主導的に生きてみたいと思いませんか。日本に住み続けることは日本社会の一員になることです。それなのに、いつまでも外国人として暮らしていくのは、どこか間違っているような気がしませんか。

――私には、私が日本人になって日本の一員になるという、そんな考えはないです。しかし、日本人にならなくても日本の一員になれると思っています。ですから、ここに住む義務として、日本社会に貢献し、税金もきちんと払わなくてはいけないと思っています。反対に、国民ではなく住民としての権利も得られるべきだと思っています。たとえば、地方自治の選挙権などそうですね。といって、被選挙権をくれとは言っていません。

当然、永住外国人には地方参政権を与えるべきですね。また、韓国政府も問題です。現在、海外居民にも投票権を与えていますね。留学生や駐在員に与えるのはいいのですが、日本に定住している、特に永住権を持っている人たちに、彼らの生活と直接関係のない国勢選挙権を与えるのはどうかと思います。在日コリアに必要なのは、日本で暮らすための力を与えることです、それが日本での投票権とも言えます。

――私もそう思いますよ。今回、初めて大統領選挙に投票しました、正直よくわからなかったです。このような私たちが、国の将来を決めるのはおかしいです。私たちは、日本において義務はすべて果たしているのですから、権利を主張できる選挙権が必要です。ですから、それを獲得するために、力を集めなければなりません。

国籍を変えれば、簡単に獲得できます。国籍を変えても韓民族の一員であることには変わりありません。

——確かにそうかもしれませんが、国籍を変えなくてはならないというのも、すごい抑圧です。私たちは、移動してきた者たちです。そして、次にどこに移動しているかわかりません。私たちの住む地域に愛着を感じ、貢献もしてきました。つまり、地域住民としての義務はすべて果たしてきました。当然、それに対する権利も得るべきです。それを、どうして国籍で縛り付けようとするのかわかりません。

アメリカに行けば、市民権を取ろうと努力するのではないですか。

——私は多分そうしないでしょう。市民権を持てばアメリカ人になるのですか。

韓国系アメリカ人になりますね。

——それならば、韓国人が日本へ帰化すれば韓国系日本人になるのですか。

それは簡単なことではないです。今までの日本での帰化は、名前まで日本語名を要求される同化を意味してきました。ですから、今まで韓国人で帰化した人は、日本人社会に埋もれてしまっています。そして、その子供たちからは韓国を探し出すことはできません。韓国語名の名前を持ち、韓国の民族性を保ってはじめて、韓国系日本人と言えます。これは、民族性を残すのが重要と言っているのではなく、人間がそのままの姿で生きるということを意味しているわけです。多文化社会を目指すと言っている日

本にとっても大事なことです。

――後世について考えたことがないのでよくわかりませんが。大学院生がニューカマーの企業家に対してアンケート調査を実施したことがありました。その項目の一つに、「起業して一〇年、二〇年たつと、後を継がせなければならないと悩んだことがありますか」という項目があったんですね。私は私が好きで始めた仕事です。そして、後を継ぐ子供もいません。ですが、これからの事業の継続について悩んだこともありますね。

今やっていることが価値があると考えれば、受け継がなければなりません。もちろん、それは必ずしも子供である必要はありません。受け継いでくれる人があれば、誰でもいいと思いますよ。

――私の場合は経済的なものではなく、「精神」を受け継いでもらいたいわけです。このためにはどのような方法があるのか、また受け継いでもらえるほどの価値があるのか、決める必要があると思っています。

国籍の選択も、流れがあるんじゃないですか。国家の理念などを考え、選択すべきじゃないでしょうか。また、その理念が変わったときどうすればいいのか。ただ単に、日本に生活の基盤があり、これからも住み続けていかなければならないという理由だけで、国籍を選択すべきなのか疑問です。

ところで、この前、金在虎さんと高卿勛さんに会ったとき、集まりがあると聞いたんですが。何の集まりですか。

――K－文学を広く知らせるために行っている活動です。韓国で刊行された本の中から日本で出版するにはどれがいいか五〇冊を選定し、一四〇ページぐらいのガイドブックを作ります。また日本の出版社の方に声をかけて説明会も開きます。

皆さんとどうやって、お知り合いになりましたか。

――自分も翻訳をしてみたい、自分はこんな本を持っていると、集まって来てくれた人たちです。もちろん、彼らが翻訳したものを出版するのではありません。当然、専門家の手を通します。まったくのボランティアです。日本で、私と同じくＫ－文学を広く知らせたいという意志を持った人たちです。力強いです。

皆さん、自分の事業だけで手一杯のはずなのに。

――確かにそうでしょう。しかし気付いた者がやらなければならないことです。もちろん植民地時代の影響もありますが、韓国には日本の文化が溢れています、反対に、日本では韓流韓流と騒いでいますが、まだ韓国の本当の文化が紹介されていない気もします。Ｋ－文学を通して韓国への理解を深め、今までの日本人が持っている韓国・韓国人への誤解も解けるのではないでしょうか。そうすれば、政治的にも対立がやわらぐと思います。

本当の意味での、草の根運動ですね。わかってもらえればいいですね。そして、続けることができるように、お金も儲けられればいいですね。今日は、お忙しいところありがとうございました。

――ありがとうございます。

後記：口癖のように言っていた「流れに任せ、自分の好きなことをしている」。明らかに矛盾した言葉であるが、矛盾と感じさせないほど、あくまでも自然体で生きている人であった。その「流れ」「流れ」で、真剣に人生を考え、自分のすべきものを探し求めてきた人である。サブカルチャーからメインカルチャーへの移行を、韓国文学によってなし得ようとしている。韓流でなく、真の韓国が日本人に理解される日が来ることを確信させてくれる人であった。

14

ニューカマーのオモニとして——呉世粉《オセブン》

①二〇一三年二月七日午後五時半　②東京都新宿区北新宿　③王家（キムチ博物館）経営　④一九四二年　⑤一九八六年　⑥忠清北道　⑦夫（日本人）、息子

略歴：子供の教育費を稼ぎたいと日本に来る。韓国料理店で下働きをしているとき、日本人と結婚し子供を韓国から日本に呼び寄せる。その後、韓国食材と食堂を経営しながら、病気で倒れた日本人の夫の面倒をみ続ける。

どうして、日本へ来られましたか。

——韓国で結婚をして子供が一人できたのですが、夫が浮気したので、赤ちゃん一人を抱えて離婚をし

ました。子供が小学校三年ぐらいになると、一生懸命勉強してソウル大学(6)へ行きたいと言い出したのです。息子は、本当に勉強ができる子でした。そのためには塾に通わせたりいろいろとお金がかかるので、それではお金を稼がなくちゃいけないと思いました。当時、離婚をして慰謝料ももらっていないし、親から受け継いだ財産もなく、一日一日やっと暮らしていける状態でした。そのとき、韓国で通っていた教会に、日本から宣教師が来ていました。韓国人の女性でした。その方が、日本へ行けば一月一〇〇万ウォンは稼げると言うんですね。一〇〇万ウォンは、韓国では大金でした。当時一五〇万ウォンあれば、九坪のアパートを買うことができました。一五〇万ウォンさえあれば、アパートを買って、美容師をしながら子供の面倒がみられると思いました。

その方（宣教師）から、本当に日本に行く気があるなら、日本に行くための書類を作成するようにと言われました。それで、パスポートを作ろうと子供に言ったら、「死んでも日本へは行かない」と言われました。それであきらめようとしていたのですが、子供が突然「将来大学に行くためにはお金が必要だから、日本へ行ってお金を稼いで来てほしい」と言い出したんです。そのときは、まだ小学校四年生でしたが、「自分は一人で韓国に残るから、お母さん一人で行って来てくれ」と言うんですね。後で、本当に悲しくて一人で泣きました。私は子供と離れるのが嫌で嫌で、パスポートを作ってもなかなか決心がつかず、一ヶ月ぐらい何もできなかったです。結局、子供の言葉に折れ、日本へ来る決心をしました。

当時、日本へ女性一人で来るのは怖くなかったですか。

――私の場合、そんな余裕はなかったです。生活が苦しく生きていくのが大変で、怖いというよりお金を稼ぎたい一心でした。私の時代は、海外に出る者に対して徹底した反共教育を行っていましたので、朝鮮総連(7)の人に会うのが怖かっただけです。当時、共産主義者は鬼のように恐ろしく、北の人に捕まれば北に連れていかれると思っていましたから。

宣教師の方が私を日本に連れていくにあたり、私が通っていた教会の牧師が保証人になってくれました。その牧師の方には、今もとてもありがたく思っています。そうこうして日本に来ました。当時、東京の麻布に「四苑」という高級焼肉店がありました。そこは、その宣教師の方が経営している店で、旦那さんは韓国領事館員でした。そこで、男の子と女の子を育てながら焼肉屋を経営していました。そこに一年間ご厄介になりました。

美容師資格があるとうかがいましたが、お店で働くより、美容師をしたほうがよかったんじゃないですか。

――美容師資格があるので、日本へ来ても美容師をしようと思っていましたが、私たちには資格があっても外国人ですので見習いの給料しかくれませんでした。それでは暮らしていけないと思って、やめました。日本でお金を一番たくさん稼げたのが、厨房での仕事でした。お金を稼ぎたくて韓国から来たのですから、焼肉屋の厨房で皿洗いその他雑用をしました。

しかし、日本語がわからないことがとてもつらかったです。それで日本語学校に通いました。そのとき、私が観光ビザ（観光ビザは、十五日、四十歳を超えた人は三ヶ月）でしたので、二ヶ月登録して、またさらに二ヶ月登録して通っていました。その間、ソウルオリンピックを迎え韓国では海外旅行が自由になりました。それで、若い学生たちが大量に日本に来るようになり、日本語学校では私のような者はいらなくなったのか、登録を延長してくれませんでした。このとき、高等学校卒業証明書を提出しろとか、何のために勉強をするのか提示しろと言われたのですが、私は中学校卒業がやっとでしたので、結局学校へ通えなくなりました。それでマルチビザに切り替えましたが、これでは一月に一回韓国に帰らなければなりません。この費用は馬鹿になりませんでした。三年間日本にいたにも関わらず、お金は少しも貯まらないまま子供も中学生になりました。

その後、日本人と結婚し私のビザを定住者ビザに切り替え、子供は三ヶ月のビザで日本に連れて来て、そのビザを定住者ビザに変えました。結婚した日本人は初婚で、五〇歳を超えていました。それに、韓国には子供の保護者もいなかったので、定住者ビザが可能でした。最初は韓国人学校に通わせようとしたのですが、そのときまだ三ヶ月ビザしかなかったので、ビザの期間が短いと受け入れてくれなかったのです。それで、仕方なくビザの期間に関係なく受け入れてくれた日本の学校に送りました。

お子さんは、日本語もわからず随分苦労をしたんじゃないですか。

——日本語ができなかったので、宿題もろくにできませんでしたね。

そのときから、お子さんはずっと日本で暮らしているのですか。

——そうです。日本の学校にずっと通いました。日本の中学校、高等学校を出て、今度は東京大学へ行くというんです。

元々勉強ができるお子さんですから、いいことじゃないですか。

——東京大学に行くと言うので、塾に通わせましたが、お金が一年に一六〇万円ぐらいかかりました。そのお金を捻出するためにも、厨房で一所懸命働きました。ところが、どうしても国語が駄目で三年も浪人し、結局、早稲田大学に入学しました。大学を卒業して、今は日本にある韓国企業で働いています。

この店はいつ出したんですか。

――九年間、他の店で働き、お金を貯めて赤坂に食品店を出しました。そのとき、韓国の牧師が言うんですよ。食品店を出すなら、かならず食堂を出しなさいと。食品店で売っているものを、さらに食堂に出して活用しなさいとおっしゃるんです。それで、新たにここに焼肉店をオープンしました。当初はキムチ工場だけを作る予定でしたが、あまりにも敷地が広かったので、前を食堂にして後ろをキムチ工場にしました。それから、新橋にも店を出しました。その間、赤坂の店は人に任せていましたが、どうもうまく行かなかったので息子が大学を通いながら手伝ってくれました。それで、食品店も息子に任せました。新橋にも行ったり来たりしてくれましたが、息子は商売の経験がなく赤字が増えるだけでした。それで、店を整理し、子供は会社勤めをするようになりました。

店の名前が、「キムチ博物館」ですか。いい名前ですね。

――いろいろなキムチを作って売っているので、息子が「キムチ博物館」と名をつけてくれました。

息子さんは、結婚なさいましたか。

――はい、結婚しましたが、子供はまだいないんです。

お嫁さんは韓国人ですか。

――はい、そうです。

在日（オールドカマー）ですか。

――学生時代に会った韓国からの留学生です。

ところで、国籍は日本ですか。

――私たちの国籍は韓国です。定住者ビザを受けても帰化をしていません。うちの息子は絶対帰化をしないと言うんです。今もしないと言い張ります。韓国人でありたいと。帰化をすればさまざまな利益がありますが、自分は嫌だと言います。自分の子供に、堂々と自分の国の話を聞かせてやれる大人になりたいと言うのです。

日本人と結婚したのに、どうして日本国籍を取得しなかったのですか。

――息子のためですよ。子供は韓国人として誇りを持っており、日本にいても韓国人として生きたいといつも言っていたので。帰化をすれば日本人になるから嫌だと。アメリカへ行ってもフランスへ行っても、韓国人は韓国人として生きるべきだと言うんです。

日本国籍を持てば、当然日本人になりますが、韓民族であることには変わりなく、韓国系日本人になるということです。

――お年寄りがおっしゃっていましたね。帰化をしてここで得られるすべての権利を受けて暮らしていく方が楽だと。

アメリカへ行くと皆市民権を取ろうと努力するのに、大久保ではほとんどの人が帰化しようとしないですね。

――アメリカは知りませんが、日本ではそうですね。

ところで、息子さんは日本で名門大学を出たのですから、韓国に帰ってもいい就職口があるはずですし、そのとき商売も順調だったのでしょう。九坪のアパートどころじゃなく、それこそ江南の高級アパート

も買えたじゃないですか。どうして韓国に帰らなかったのですか。

――ここでずっと暮らしていますが、いつも旅人のようです。私の場合、結婚した息子と暮らしていますが、いつも寂しいです。故郷に帰りたいという気持ちはいつもあります。日本に根を張るつもりはないです。そして、経済的には、今は韓国で稼いでも日本で稼いでも、そんなに変わらなくなりました。

それでは、なぜ帰らないのですか。

――だから帰ろうと思っていますよ。息子ももう三十六歳ですし。しかし、日本で結婚した主人が、病気で入院しています。寝たきりの人を一人置いて帰ることもできません。

ずっと、面倒をみていらっしゃるのですか。

――ええ、ずっとみていますよ。入院して、かれこれ八年になります。

在日でしたか、日本人でしたか。

――日本人です。

苦労なさっていますね。経済的な助けもなく、結婚してほとんど面倒をみて来られたという感じですね。

――ええ、私の運命です。あきらめています。しかし、私には子供がいましたからね。

今も、ニューカマーがたくさん来ますか。

――地震（東日本大地震）の前には、たくさん来ていたんですが。

ニューカマーがたくさん来ることに対してどう思いますか。

――いいことではないでしょうか。日本に来て、一生懸命にお金を稼ぐことはいいことです。私たちの時代は、ビザが簡単に出なかったでしょう。私の場合は息子まで置いてきました。それに比べ、よい時代になりました。

日本に来た八六年の場合は、まだ差別が厳しくなかったですか。

――厳しかったですね。そのとき、私は日本語もできなかったので、大変でした。

日本で、何が一番つらかったですか。

――全部が苦労と言えば苦労ですが、しかし、特別苦労したことはなかったです。なぜなら、ずっと働くことができましたので。ご飯が食べられないほどの苦労はしなかったです。

オールドカマーを同胞と思いますか。

――日本人ではなく、韓国人とは思いますが、私たちとは違うと感じます。

オールドカマーは、日本で差別を受けてきたと思いますか。

――差別をたくさん受けていますね。そして若い在日（オールドカマー）の人には、自分たちは韓国人でもなく、日本人でもない、という悩みがありますね。

最近は、差別もだいぶん薄らいで来たと聞いていますが。

――そうですね、私の店のお客さんのほとんどは日本人なんです。それだけ、韓国人に対する差別意識がなくなったと言えるでしょうね。

日本での生活に満足しているんですか。

――今は、満足しています。

日本人をどう思いますか。

――好きですよ。最初は、胸の内を見せてくれませんでしたが、仲よくなると損得抜きにいろいろと助けてくれましたね。

日本人の長所として、親切だ、礼儀正しい、約束をよく守る、と言われていますが。

――すべて合ってます。

規則をよく守る。

――よく守りますね。

お金持ちだ。

――ある人もない人もいろいろです。

では、日本人の悪いところは何ですか。たとえば、表裏があるとか。

――それは大いにありますね。ですから、日本人が笑っていても信用できないときがあります。

日本人の歴史認識には問題はありませんか。

――歴史認識がないというより、歴史を知らないですね。日本人たちは明成《ミョンソン》皇后を弑殺したこと（閔《ミン》妃虐殺事件）も知らないですね。人の国の王妃を殺害するという大事件を起こしておいて、国民に教えてないんですね。話しても、信用しないですね。日本がそんな酷いことをするわけがない、と。もっとひどいのは、日本が韓国を植民地にしたことすら知らない人がいるんですね。正直言ってこれには驚きました。ですから、在日韓国人がなぜ日本に住み着いたかも知らないんですね。

利己主義だ。

――そう見えますね。

閉鎖的、排他的だ。

――確かに、それは強く感じます。

その流れとして、最近の日本では右翼化が進み、大久保でもデモをしているじゃないですか。影響がありますか。

――影響があると思いますよ。怖いですね。大声で何か叫んでいるだけで、言っていることがよくわからないですね。やっている人たちを見ると、自分の息子のような年ごろの若い人が多く、悲しい気もします。

後記：自分の人生を、率直に語ってくれた。子供のために生きてきて、今は寝たきりとなった夫の面倒を見続ける。過去のオールドカマーのオモニたちの人生を見ているような気がした。苦労の連続の人生であったにも関わらず、「特別苦労したことはなかったです。なぜなら、ずっと働くことができましたので、ご飯が食べられないほどの苦労はしなかったです」という言葉に、彼女の人生を見ることができた。率直に日本人が好きだと言い、また胸を開いてくれない日本人を嫌う。いつまでも、元気で働いて、日本人に本当のキムチの味を伝えてほしい。そして、すべてのニューカマーのオモニになってほしいと心から願った。

15　代表選手である娘の国籍に悩む――高美《コミ》形《ヒョン》

①二〇一三年二月八日午後四時　②東京都新宿区百人町　③Hair Salon WORLD店長　④一九六二年八月十五日　⑤一九九二年四月二十九日　⑥江原道　⑦夫、義父母、息子一人、娘一人

略歴：夫について日本に来て、大久保の美容院で雇われ店長として働いている。韓国籍でありながら、日本の国家代表チームである水泳選手の娘を持ち、将来、韓国の代表にするか、日本の代表にするかを悩む。

どうして日本へ来られましたか。

――結婚して来ました。夫が日本へ来たので、ついて来ました。私も勉強がしたくて。

美容師は韓国でもしていたのですか。

――はい、していました。ここには七年間勤務しています。最初、日本に来たときの計画は、アルバイトをしながら勉強することでした。しかし、日本に来てすぐに妊娠してしまいました。日本の大学の授業料は高いのに妊娠のためアルバイトもできなくなり、夫の給料だけでは無理だと、勉強するのをあきらめました。

現在、高さんもご主人も、帰国するおつもりはないですか。

――私は帰りたいです。しかし、私の子供たちがどう考えているかわからないです。上の子は今、大学三年生、下の子は今年大学に入学しました。

学校はどこに通ってますか。

――上の子は学習院大学。下の子は中京大学です。

ずっと日本の学校に通わせたんですか。それなら、韓国語は。

――はい、日本の学校にずっと通わせました。やはり、日本で住むには日本語が完璧にできて日本の知識が必要です。韓国語は、聞くことは八〇％、話すのは一〇％ぐらいです。

それでは、お子さんたちは帰国するのは難しいですね。

――そうですかね。

国籍は。

――韓国です。

どうして日本国籍を取得しなかったんですか。

――考えたことがなかったです。

しかし、お子さんを考えれば、これからも日本に住み続ける可能性が高いと思われますが。

――実は下の子は水泳選手で、ナショナルチームに入れるほどのレベルで、中学生のとき、埼玉県水泳連盟から帰化をしないかとの誘いがありました。親が保証人になる資格がないなら、代わりに会長本人が保証人になると言ってくれました。そのときから、娘は帰化というものを考え始めたようです。しかし、その必要性は理解はできるのですが、まだ心の準備ができていないのか韓国籍のままです。

水泳選手でしたら、最近の韓国は金メダル選手が出るほどレベルが上がっています。ですから、韓国の国家代表選手になっても、やりがいがあるんじゃないですか。

――今、韓国の水泳連盟に登録すれば、すぐに韓国の国旗をつけて出られます。しかし、日本の代表選手になるためには国籍を変更しなければなりません。これから、本人が韓国も経験してから、考えることです。今も韓国名を使っていますし周囲からは韓国人として認識されています。言葉はできませんが。国籍問題は、私たちがとやかく言っても無駄です。本人たちの意志に任せるしかないです。特に、下の娘はどちらの代表選手になるかという問題ですから、より深刻です。しかし、残念ながら、韓国に対してはあまりよい印象は持っていないみたいですね。日本育ちの娘にとって、韓国人の考え方また行動パターンがよく理解できないみたいです。ですから、韓国人にはついていけないと、いつも言っています。

それは当然でしょう。日本で生まれ育って日本の学校に通ったのですから、国籍は韓国ですけれど、アイデンディティは完全に日本人ですよ。韓国人より日本人の方が合うに決まってます。日本の代表選手になった方が、いいかもしれませんね。韓国名で、日本の代表選手なんて、在日にも勇気を与えますよ。

――そうでしょうか。私が判断するものではありませんが。

アメリカでは韓国人は市民権を取るのに努力するのに、どうして日本ではこうなんでしょうかね。

――そうですね。私の場合は、個人的に韓国に家族がいて、両親がまだ生きていますので、両親のためにも帰化することはできません。アメリカに行っても同じでしょう。そして、日本の場合は歴史問題など、やはりまだためらいが残っていますね。最近の右翼のデモを見ていたら、日本への帰化は考えるのも嫌になりますね。

日本人には、いい面もあって、悪い面もあると思いますが。

――いい面が多いと思いますよ。

日本社会が閉鎖的なので、たとえ帰化しても、日本人社会が日本人として受け入れてくれないと思うので、帰化しないのではありませんか。

――いいえ、そうではないです。それに、閉鎖的な面より保守的なところが多いです。

お子さんたちが日本国籍を取れば、日本社会で主流にもなれますよ。特に、下の娘さんは、選手生活が終わってもコーチになれるかもしれませんし、将来の生活は保障されているようなものです。

――確かに娘の場合は明らかに日本に帰化したほうが有利で、将来も保障されるでしょう。しかし、帰化をしても、韓国人であったことがわかれば、政治家など日本社会の主流に入るのは難しいのではないでしょうか。ソフトバンクの孫正義さんは、日本に大きく貢献しているのに、まだ右翼の人たちから「国に帰れ」と言われていますからね。あの人は日本育ちで、国籍も日本なのに、「国に帰れ」といって、どこに帰れというんでしょうかね。

最近、大久保での商売が難しいと聞いております。先ほども、日本人のお客さんがいたようですが、お客は日本人が多いですか韓国人が多いですか。

――もちろん、日本人もいますが、やはり韓国人が多いです。しかし、私どもはサービス業であることを忘れず、分け隔てなくやっていますので、中国人もたくさん来ますね。また、ネパール、ベトナム、カンボジア、ブラジル、コロンビアや、スペイン、イギリスなどヨーロッパの人もたくさん来ます。要するに、ここに住んでいる人は、全部来ますよ。ここの住民すべてがお客さんなので、景気は今も変わりません。

いろいろな国のお客さんと接すると思いますが、どこの国の人に一番好感を持ちますか。

――どこの国の人も同じですよ。人によって違いますから。強いて言えば、お客さんの中で一番問題なのは韓国人です。一番無理難題を押し付けてきますから。これは、同じ国の人間で、また言葉が通じるので、甘えがあるんでしょうかね。

韓人会がありますが、ニューカマーに対し役割を果たしていますか。

――よく知りませんが、あること自体がいいと思いますよ。それより、教会が多くの役割を果たしていますね。この近くにも韓国教会が多く、そこへ行けば就職からいろいろな便宜を図ってくれます。大久保以外のところからも多くの韓国人が集まって来ますね。当然そこでは韓国語が話され、食事も韓国料理が出され、韓国にある教会とまったく同じ雰囲気で、韓国にいるのかと錯覚するぐらいです。韓国人のコミュニティの中心になっています。日本人学校に通う子も、そこで民族意識を持つことができますね。

漠然とした質問ですが、日本にいるニューカマーたちをどう思いますか。特に高さんは、韓国人や日本人だけでなく、毎日いろいろな国の人たちと接しているのですから、比較して韓国からのニューカマーをどう思いますか。

――私自身もそうですが、韓国人たちは一度猛反省しなければなりません。一流大学を出て、一流企業に行って出世するのが重要でなく、体も健康で精神も健康でなければなりません。精神の健康、心の健康が何よりです。一番の問題は、自己中心主義です。もちろん、ここにはジャパン・ドリームを夢見て来たのですから、自己の利益を追求するのは当然かもしれませんが、あまりにも他人に対する配慮が欠けています。

お店の顧客にインド人がいるのですが、そのインド人は、いつも韓国人がとても好きだと言ってくれます。韓国人は本当によく働き、学ぶところが多く尊敬に値すると。そして、韓国人と一対一になれば、よく働くのでとても勝てないと。ところが、三人、四人、五人と韓国人が集まれば、絶対的に勝つことができる。こちらが何もしなくても、自分たち同士で争って自滅してしまうと。その言葉を聞いたとき、私はそこまで考えていなかったんですが、今、現実にそう感じますね。大久保を見ても、売れる商品があれば、皆それを売り出し、お互い客の取り合いをしているでしょう。

お子さんは、韓国のことをあまりよく思っていない、とおっしゃいましたが。

――今となっては、うちの子供たちに、韓国と直に接する機会を多く作ってやらなかったことを後悔しています。韓国文化に慣れていないので、韓国人に対して日本人と同じような誤解をしています。残念ながらここで生活しているので、韓国に行く機会が少なかったし、特に水泳をやっている関係上、休みのときは合宿に入るので、韓国に連れていくことができませんでした。レベルが中間ぐらいならいいのですが、ナショナルチームに参加するほどのトップレベルなので、合宿に参加することは必須です。

ナショナルチームというのは、国籍が韓国ですので、韓国のナショナルチームのことですか。

――いいえ、日本のナショナルチームです。国籍が韓国ですので、日本の代表になることはできませんが、記録があるのでナショナルチームに入ることができます。水泳は、個人競技ですから。

そうですね。高いレベルの持ち主であれば外国人でも大歓迎でしょう。そうすれば、切磋琢磨して日本

の選手が鍛えられますから。話は変わりますが、大学は、どうして、東京でなく遠く名古屋にある中京大学に送られたんですか。

——韓国とも交流がある水泳の名門大学だからです。現在も代表選手が八人もいるんですよ。そこに入学が決まり、今年から通うことになりました。

韓国の大学へ送るおつもりはありませんでしたか。

——私としては、韓国の大学に進学してほしかったですよ。実際に、韓国の大学からも勧誘がありました。しかし、本人は行きたくないと言うんです。中学校一年生のとき、韓国に対してあまりよくない思い出があるようです。

娘がジュニア選抜大会に選ばれ、韓日の共同合宿に参加したときのことです。中学生はうちの娘一人で、その他全員が高校生か大学生だったんです。国籍は韓国で名前も韓国名なのに、韓国語がわからないので韓国人の中に入れず、日本人でもない韓国人でもない宙ぶらりんの状態に置かれたわけです。そこで、日本の先輩たちが、韓国人を見て悪口ばかり言っているのを聞かされたんですね。反対に、韓国人が日本人を見て同じように言っているのを耳にしたんです。日本語はもちろんわかりますし、韓国語はしゃべれませんが、聞き取れますので、韓国人が言っていることもわかるんですね。そのとき、韓国人でもなく日本人でもないどっち付かずの自分に対し精神的混乱をきたしたそうです。成田空港に降りると同時に、私に「パンチョッパリ[8]は、何か」と聞くのです。韓国人に言われたのでしょうね。そのとき、私が受けたショックは今でも忘れられないです。また、合宿を通じ、韓国の文化というか韓国人の行動習慣に違和感を覚え、そのとき、娘は韓国でやっていく自信をなくしたようです。

それが、韓国に対するトラウマになったんですね。過去に、オールドカマーの二世三世からよく聞かされた話です。すでに、ニューカマー世界にも同じことが起きているんですね。それならば、一層早く決心して日本国籍を取ればいいじゃないですか。アジア大会もあって、オリンピックもあるでしょう。時間的余裕はないはずですよ。

——これから目的意識が生じるでしょう。自分がどうして水泳をしてきたのか、考えなければならないでしょう。実際、高三のとき、娘はもう水泳をしたくないとまで言っていました。それで、一時期普通に大学に行かせようと勉強をさせたんです。けれど、ロンドンで行われた大会に参加したとき、ヘッドコーチが一度自分を信じてくれと言ったので、それで心を改め水泳をまた始めました。これからどうなるか、自分でもわからない状態なのでしょうね。

オリンピックは、運動選手の大きな夢じゃないですか。

——娘は、一度は太極旗をつけると約束してくれたことがありますが、どうなんでしょうね。

私としても、是非韓国の代表選手になってほしいですね。お名前は何ですか。

——林《イム》ヒョンジュです。

覚えておきます。今日は、お忙しいところありがとうございました。お客さんが、待っていますよ。

——ありがとうございます。

後記：毎日のように、韓国人だけでなく他の在日外国人の髪をセットしながら、韓国人の問題を鋭く指摘する。たくましく生活している姿が、そこに見られた。

日本生まれの娘は、水泳の代表選手になるまで成長したが、韓国・韓国人に違和感を覚え、韓国の国家代表になるか、日本の国家代表になるかを思い悩む。そんな姿を見ながら何もできず、ただ「太極旗をつける」との娘の言葉を信じながら、故郷に思いを馳せるオモニ。すでにニューカマーも二世の時代になったかと思われた。そこに、オールドカマーの歴史が繰り返されているような気がして、憂鬱な気分になったのは私だけだろうか。

16　ニューカマーをリードする若い熱き実業家——李《イ》義《ウィ》炯《ヒョン》

①二〇一三年二月十三日午後三時　②東京都新宿区大久保　③株式会社巨山代表取締役　④一九七二年八月一日　⑤一九九五年六月十三日　⑥忠南道　⑦妻、娘　⑧在日韓国飲食業協会会長

略歴：早稲田大学在学中から兄と企業を始め、今に至っている。店頭でホットクの販売を最初に始め、常に新しいアイデアのもとに事業を拡大し続けている。

お若いですね。失礼ですが、今おいくつですか。

——四〇歳になります。

とても、そのようには見えない。三〇歳をちょっと越えたぐらいにしか見えないですね。はっきり言って、第一印象が「親の金でやっている青二才」、取材に来て失敗したな、と思いました。

――若く見てくださって、ありがとうございます。ですが、親の金ではなく、裸一貫でこの事業を始めました。

そうですか。ところで、どうして日本へいらっしゃったんですか。

――日本へ来て勉強したくて。しかし、長期留学に行くためには軍隊を終えなければなりませんでした。最近は、まず留学に来て途中で軍隊に行く人も、勉強を終えて軍隊に行く人もいますが、当時はそうでした。また、日本語ができませんでしたので、空軍に入隊しました。空軍に行けば比較的時間の余裕があると聞き、志願したわけです。そこで、日本語の勉強をしながら三十三ヶ月過ごし除隊した後(9)、すぐに日本に来ました。まず、早稲田大学に入り、六年間通いました。

どうして、卒業後、帰国しなかったんですか。

――大学一年生のとき、日本で兄と一緒にこの会社を始めました。卒業後もこの仕事を続けています。

大学へ通いながら、会社を経営したのですか。

――ですから、学費と生活費すべて自分で稼ぎました。ホットク(10)やトッポッキ(11)など店頭販売を始めたのは、私が最初です。今や、多くの店の店頭でやっていますが。

今、日本人に一番人気のある韓国の間食が、ホットクですね。それを広められたんですか。

――ええ、人気がありますね。イベント・お祭り・学園祭に出店したり材料販売も行っています。

今も、お兄さんと一緒にこの会社を経営しているのですか。

――いや、この会社は私が経営し、兄は別の会社をやっています。

まだ、お若いから、ご両親は戻ってきて韓国で会社経営をやれと言いませんか。

――それはないですね。私の家は、男兄弟が四人もいて、私はその末っ子ですので、好きなようにさせてくれます。ただ、「どこにいても一生懸命やれ」とは言われますが。

日本において、苦労はしなかったんですか。

――それは、たくさんありましたよ。ここは韓国人がたくさんいますが、あくまでも日本ですから。ここに暮らしているニューカマーは、そのことを認識しなければなりません。オールドカマーとは違います。彼らは、植民地支配の結果として日本に住んでいるのであって、歴史的問題が深く絡んでいます。しかし、私たちは好んで自分の意志で来ました。他人の国に好きで間借りさせてもらっているんですから、守らなければならないことはきちっと守ったうえで、権利を主張しなければなりません。

大久保が、その間随分変わったでしょう。

――非常に変わりました。私がこの町に来た一九九五年は、麻薬、売春、やくざ、それが全部でした。そんな町に私たちが入って来て、その後韓流ブームもあり、日本人が韓国を体験できる街に変わりました。たくさんの日本人が来てくれるおかげで、町が活性化しました。しかし、最近は突然の李《イ》明博《ミョンバク》大統領の「独島上陸」後、お客さんが随分減りました。特に、順調だった人たちが、困難な状態です。どんどん事業を拡大していた最中でしたから。たとえば今日まで一〇〇万円儲けていた人が、明日から突然一〇万円しか儲けられなかったらどうなりますか。次の日も一〇〇万円の現金が入ってくると思って、事業を拡大したんですから。平日にも満席だった食堂が一日に二組のお客さんしか来なかったら、大問題です。

国家は、もちろん信念を持って行動すべきですが、時を考えて行動してほしいです。外交ですので、損得をまず考えるべきです。棄民政策を取っているんじゃないですから。確かに、「大統領が独島へ行く」ことは、間違っていないです。しかし、今、韓日関係を悪くしてまで、行く必要があったのでしょうか。それも、前触れもなく突然にです。得たのは、国益ではなく、自分の人気だけです。韓日関係は悪化し、韓日両国にとって何ら利益はありません。日本の総理が靖国神社参拝を強行するのと同じです。国と国が争っては、国民が苦労するだけです。特に、感情的な対応は自粛すべきです。喜んだのは日本の右翼と、韓国の右翼だけです。

永住権を持っていらっしゃいますね。

――いいえ、まだ取っていません。

え、まだありませんか。来られて随分たちますし、大きく事業もやっておられるので、永住権を取るにあたって問題はないと思いますが。どうしてですか。

――永住権を申し込んだことが、まだありません。今年の春に申し込んでみようかなと思っています。しかし、永住権を取ったからといって、特別に利することはありませんよ。永住権がなくても、銀行では融資してくれますし、家も車も買えますし、不動産も問題はないです。

奥様とどこで知り合われましたか。

――日本で会いました。留学生仲間です。ワイフは全羅南道順天《スンチョン》の出身です。

さらに、日本国籍を取得しようとするつもりはありませんか。

——そんな考えはないです。

これから、一〇年、二〇年たって、日本に定着していれば、可能性のあることですが。在米韓国人は市民権を持とうとしますし、またそれを当然のことと考えます。在日韓国人と随分違いますよね。

——アメリカでは市民権を取れば、アメリカ国民として社会が受け入れてくれます。日本は、駄目ですね。帰化して、国民としての義務を果たしても、日本人として受け入れようとしないです。右翼は、孫正義氏を今でも批判してますからね。ソフトバンクの代理店の前でデモをするんですね。何か問題があるのではなく、ただ「朝鮮人出ていけ！」ですからね。あれだけ、日本社会に貢献しているのに。これでは、日本国籍を取って日本人になる気はなくなります。日本社会はもっと変わらなくてはなりません。と言っても、日本、日本人を嫌っているのではありません。日本の生活は満足していますし、日本人から学ぶことは多いです。個人的に付き合うと、いい人ばかりです。

韓流は、終わったと言う人がいますが。

——それを、いとも簡単に言ってしまう方がいらっしゃるんですが、はっきり言って無責任な発言です。それで私たちは商売をしているんですから。韓流は、韓日間の関係というより、韓国人と日本人がお互いを理解するのに大きな役割を果たしてきたものです。日本からの韓国への日流は、漫画・歌・ドラマ・日本料理など、昔から韓国に根付いています。今やっと、韓流が始まり、文化が互いに行き来し始めたところです。これは、単に大久保の問題だけではないです。終わったと言うのではなく、今の韓流を普遍的なもの、韓国の文化を日本に紹介するものとして発展させなければなりません。そうすることによって、韓日お互いがわかり合えるのではないでしょうか。政治がすべきことを、韓流がやってきたわけです。韓流の火を消しては駄目です。今こそ、知恵を集めて考えるべきです。

二〇〇二年のワールドカップのときは、早稲田大学のサムルペ(12)を呼んで、この職安通りで街頭公演をしてもらい、日本人と韓国人が一緒に楽しめる広場を演出しました。今、大久保をより知ってもらい、より楽しんでもらうために、利益抜きで「コリアタウン・クーポン・マップ」も作っています。このような努力が、今、必要なんです。

おっしゃる通りです。韓流から始まった文化交流はとても大事です。

――独島問題は、領土問題ですから、そう簡単に解決できるものじゃありません。しかし、韓日の文化交流が益々盛んになり、その比重が韓日間の争点より大きくなれば、問題の解決は早くなるでしょう。相対的に独島問題が小さくなり、あったとしてもそれに関心を示す人もなくなるでしょう。

ところで、これからも日本で経済活動をする予定ですか。

――私はまだまだ若いので、これからも頑張っていかなければなりません。日本を私の経済活動の場として決めたんですから、この日本で頑張ります。そして、孫正義氏のような大企業家になりたいです。

後記：若い、まさにその一言につきた。それにも関わらず相手を圧倒する力のある話しぶり、夢を追い求める姿、その夢を一つ一つ実現してきた自信、すべてが彼を若く見せたのであろうか。韓国に根付いている日流に対しての韓流、「今やっと、韓流が始まり、文化が互いに行き来し始めたところです。（略）政治がすべきことを、韓流がやってきたわけです。韓流の火を消しては駄目です。今こそ、知恵を集めて考えるべきです」と語る言葉から、大久保の存在の意味を明快に示してくれた。裸一貫から始め、現在は株式会社巨山の代表取締役、会社のキャッチフレーズが「熱い熱情。日本列島を揺さぶる勢い。孤軍奮闘の粘り」。まだ四〇歳、一〇年、二〇年後には、本当にロッテやソフトバンクのような世界に羽ばたく大企業を作り上げるのではないかと思われた。

17　韓国人だから、韓国人として生きていく——趙玉済《チョオクジェ》

①二〇一三年二月十四日午後二時　②東京都新宿区百人町　③株式会社ニュークリエイティブ代表取締役　④一九五七年　⑤一九八五年　⑥慶尚南道　⑦妻、娘一人　⑧在日本韓国人連合会三・四代会長、現在常任顧問

略歴：国会議員秘書官を辞め、日本へ留学し、そのまま定住する。「在日本韓国人連合会」を初代会長と一緒に作り上げ、ニューカマーのコミュニティの拡大に尽力する。

どうして日本へいらっしゃいましたか。

——漠然と日本へ来たかったんですよ。日本社会に接したくて。

日本へ来られたのが、八五年ですね。そのきっかけは。

——いとこの兄が大阪出身で、当時韓国で国会議員をしていて、私がその事務所に勤務して秘書官をしていた頃、在日韓国人が事務所によく尋ねて来てました。その兄は大阪総領事館、駐日大使館で勤務した後、国会議員になった人です。そのとき、漠然と在日海外同胞社会を知りたくなり、また、日本という国は、その頃も今もそうですが、先進国で経済大国でもあるので、日本自体にも関心を持ちました。兄が政治の世界から手を引いたので、私も秘書官を辞め日本へ来たのです。さらに、もう一つの理由は、私の父と母が昔大阪に住んでいたことです。父は大阪出身ではありませんが、韓国が経済的に困難なとき、金儲けに日本へ来ていたんです。大阪で母と見合いして結婚をしたそうです。我が家は全部で八人兄弟、男が三人、女が五人ですが、その中で上から四番目までが大阪生まれで、五番目から八番目の末っ子の私までが、韓国の慶尚南道で生まれました。そんな縁もあって、漠然と日本に興味を持っていました。それらが重なって、日本に来たんですよ。

でも、国会議員の秘書官でしたら、その後いくらでも就職口はあったのではないですか。当時、韓国人に対し差別も激しかったと思いますし、そこまで苦労して日本で定着する必要もなかったでしょう。

——私の人生は私の人生ですから。そして日本を見たいという思いが強かったんです。若かったので外の世界を見たかったのかもしれません。確かに、その頃は韓国人に対する日本人の差別意識は強かったですね。しかし、幸い私は直接差別は受けずに暮らしました。

最初は大阪ですか。

——初めから東京へ来ました。留学生として。そのとき、在日韓国人からの助けは受けなかったですね。

他の人はどうか知りませんが、私の場合は日本の人から助けてもらいました。会社を経営している人が、日本で住めるように保証人になってくれるなど、世話をやいてくれましたね。

ニュークリエイティブという会社は、何をする会社ですか。

――簡単に言えば、国際電信電話の会社です。それだけではないんですが。ＫＤＤの関連会社です。

どうして、民団があるのに別に韓人会を作る必要があったのですか。

――韓人会を作った当時、民団では、私たちのようなニューカマーはいずれ韓国に帰るだろうと言って、受けて入れてくれなかったんです。また、私たちニューカマーとオールドカマーとでは、感情的に合わず、一緒に何かをすることも難しかったですね。

民団は、今、後継者がいないという問題を抱えていますが。

――民団を作ったオールドカマーには、家庭以外の社会において子供の教育を行うとき、韓国語を話せば差別や不利益を被るため、まともな韓国語教育をすることができなかったという悲しい歴史がありまず。自分は韓国人だ、と堂々と勉強して社会活動ができる雰囲気ではなかったんでしょうね。だから、外の社会に対して自分が韓国人であることを隠し通して来ました。韓国語をまともに学ぶことができず、アイデンティティの教育がなされてこなかった。これがオールドカマーの歴史です。このため民団という巨大な組織も、三世四世からは組織の存在価値すら理解されていません。この巨大組織は頭だけ残っていて手足がなくなっている状態です。つまり、韓国にアイデンティティを持つ一世二世が頭で、日本にアイデンティティを持つ三世四世が手足です。だから、将来、今がそうかもしれませんが、組織の危機が来るのは当然の流れです。

危機を救うために、民団においてもニューカマーが手足になり、将来組織を背負っていかなければならないんじゃないですか。

——そうですね。韓人会がこれからしなければならないことでもあります。民団という巨大組織を受け継ぐのは、誰かということになりますが、これは、本国から来た人たちです。なぜ本国から来た人かと言えば、韓国のアイデンティティを持ち、韓国語ができ、日本語もでき、十分韓国人として日本で暮らしていけるのがニューカマーだからです。これから、先輩たちが守り通して来た民団という組織を、受け継いでいかなければなりません。

しかし、今すぐの話ではありません。現在、韓人会にニューカマーを呼び込み、組織をより大きく育てた後に、民団との統合の道を開くべきと思っています。民団自体も、組織継承のため人材養成をしなければならないことはわかっているはずですよ。

時期を待つ必要はないのでは。

——ニューカマーは、民団のような巨大な組織を継承するほど、経済的余裕がありません。暮らすのにせいいっぱいです。経済的な余裕もなく、時間もないのが現状です。

このごろ、右翼がデモが多いですが、ニューカマーの社会に影響を及ぼしていませんか。

——ニューカマーの社会だけではなく、多方面で影響を及ぼしています。私も、影響を受けている者の一人です。しかし、領土問題において、我が国の大統領の行動に、在外同胞たちが少し不利益を受けたからと言って、不平を述べるものじゃないです。我が国の領土に我が国の大統領が行って、何が悪いんですか。いつかははっきりしなければならないことで、大統領が独島へ行ったことは、正当な権利を行使しただけのことです。正当な権利行使を、海外にいる私たちが批判すべきことではありません。不利益を被っても、我慢しなければならない問題です。それに対する圧力に耐えなければなりません。外国に住んでいるんですから、それぐらいは覚悟をしなければ駄目でしょう。

韓国政府と韓人会との間に、公式に何か規約などを結ばれたものがありますか。

——特別に規定を結んだことは、現在までありません。韓人会が大きくなりますます役割が増え、僑民社会において必要な組織だと認められれば、大韓民国政府または大使館が韓人会の組織をこのまま放っておくことはできないでしょう。そのとき、本国政府が大使館を通し、韓人会を保護・援助するようになるでしょう。自然の流れとして、そういう日が来ると思います。韓人会が活発に行動することによって、ニューカマーの巨大なコミュニティが形成されます。

韓人会の組織は、現在どうなっていますか。

——二〇〇一年五月に正式に「在日本韓国人連合会」として結成された後、二〇一〇年九月に在日本関西韓国人連合会ができ、去年（二〇一一年）六月に九州の福岡へ直接行き、その地域に住むニューカマーたちに会い、韓人会を作る準備をしてきました。名古屋には、去年の十一月にできました。私たちが指導して、現在は地域ごとに自主的に活動をしています。韓人会という組織が、東京・大阪・福岡・名古屋にできましたが、三月ないし遅くても四月には横浜を中心に韓人会を組織するつもりです。将来的に、ニューカマーのいる地域すべてに作っていきたいと思っています。

中央組織は、東京ですか。

——中央・地方という特別な規定はないですが、韓人会は東京で最初に創設されすでに一〇年以上になります。また、日本の中心が東京ですので、実質的に東京の韓人会が中心的役割を担っていくでしょう。しかし、あくまでも、地域ごとに自由な活動を保障したうえでのことですが。ですから、正式名称が「在日本韓国人連合会」でしょう。全国的な集まりとして、年に一、二度、ワークショップを行っています。

地方には、韓人会に関係なくニューカマーが自主的に組織したものもあると思いますが。

――そのような団体にも、韓人会の名称を許可しようと思っています。排斥する必要はないし、地方組織が多ければ多いほど、韓人会の勢力が大きくなっていきます。もちろん、韓人会の目的と方針、つまり我々の綱領を受け入れてもらうのが前提ですが。

その綱領とは何ですか。

――簡単です。「会員相互親睦と情報共有」「地域社会の発展と融和」「民族教育の活性化、母国語による教育」「日本の法律を守り、日本人とともに地域社会に貢献する」です。

「我々は、大韓民国の国是具現を期する」から始まっている民団の綱領と比べ、日本での暮らしに重点がおかれた綱領のように思われますが。

――ニューカマーの人たちは会社が日本にあり、ほとんどがこれからも日本へ住み続けるでしょう。ですから、当然じゃないですか。それに、民団の綱領は、過去において、帰国することを前提としていたときのものです。現在のようにこれからも日本に住み続けようとする在日にあった綱領ではありません。

将来的には、日本国籍を取得しますか。

――なぜ、そのような質問をするのか理解できません。韓国人が、韓国人として生きていくのは当然なことではないですか。

お子さんが、将来日本国籍を取りたいと言えば、どうしますか。

──あくまでも子供次第です。私が反対して、どうなるというものではありません。

将来、韓国に帰られるつもりですか。

──今、その予定はありませんが、先はどうなるかわかりません。皆、そうじゃないですか。

後記：太い迫力のある声から滲み出る愛国心、という形容が、似合う人であった。韓国で政治への夢を捨て、自分のルーツを辿り日本に来て、そこにオールドカマーとは異なる、現実にあった韓人社会の構築を求め精力的に活動している。その理念は、どこまでも「韓国人だから、韓国人として生きていく」であった。これが、日本社会で受け入れられたとき、はじめて日本人と韓国人が理解し合え、日本は名実ともに多文化社会になるであろう。

(1) 在日（オールドカマー）全員が民団に加入しているのではない。大きく民団・総連に別れ、さらに多くの在日は両方に無関心である。
(2) 韓国の二大祭日の一つ。収穫祭りのようなもので、このとき祖先に感謝の気持を込めて朝に茶礼（祭司）を行う。
(3) 韓流ドラマの題名。
(4) 韓国の五大財閥グループの一つ。通称「ハンファ」（ハングル：한화、英語：Hanwha、漢字：韓火）

（5）韓国の宗教政治学者、評論家。一九二四年に平安北道に生まれる。ソウル大学卒業、徳成大学で教鞭を取るとともに、雑誌『思想界』の主幹し朴軍事政権を批判。一九六七年から一九六八年、ニューヨークへ留学し、その帰途、身の危険を感じ一九七二年に来日。事実上の亡命である。東京女子大学教授となり、「T・K生」の名で雑誌『世界』に『韓国からの通信』を連載（一九七三年〜一九八八年）するなど韓国の民主化運動を支援。一九九三年に韓国へ帰国。韓国翰林大学校教授を経て、同日本語学研究所元所長。

（6）韓国最高峰の大学。

（7）在日本朝鮮人総連合会。北朝鮮系の政治団体。当時、総連の人に接するだけでも反共法で、帰国後問題になった。

（8）チョッパリは日本人を侮辱した言葉で、「パンチョッパリ」は半分日本人という意味。韓国人のくせに日本人と同じだと、特に、在日韓国人を侮辱するのによく使われる言葉。

（9）空軍と海軍は志願制。通常は陸軍。しかし、空軍や海軍は、陸軍に比べ服務期間が三ヶ月長い。現在は、陸軍二〇ヶ月、空軍・海軍二十三ヶ月。

（10）韓国では主に屋台などで売られている菓子。中に甘い餡が入ったホットケーキのような食べ物。「ホットク」とは「中国の餅」の意。

（11）棒状のトック（韓国の餅、餅米でなく、普通の米でつくられたもの）をコチュジャンなどで甘辛く炒めたもので、趣向に合わせていろいろなものトッピングする。屋台だけでなく、専門店も多い。

（12）一般に言われている「サムルノリ」を日本語に直訳すれば、「四物（サムル）の遊び（ノリ）」である。四物（サムル）、つまり四つの打楽器（ケンガリ、チン、チャング、プク）を、普通四人一組で演奏する。そのチームをサムルぺという。

あとがき

新しく在日の隊列に加わったニューカマーは、植民地の歴史の結果として日本に住み着いたオールドカマーとは異なり、自ら好んで日本へ来た者たちである。即ち、日本に対して拒否感のない者たちである。しかし、日本国籍取得に関しては本書で提示した調査結果に見られるように、ほとんどの者が拒否した。インタビューにおいて彼らが口をそろえて言うのは、「韓国人だから韓国人として生きるだけである」であった。オールドカマーのような歴史的問題は存在しないが、国民国家観から来る「帰化すれば韓国人でなくなる」という意識の強さが、「大和民族だけが、日本人である」という日本人の国民国家観と反発し合い、日本国籍取得をためらわせていた。

しかし、同じくインタービューにおいて「必要に応じて、日本国籍が必要なら取得する」という意見が続けて語られたように、ニューカマーにとって国籍は絶対的なものではなく、「生活の便宜によって選択する」ものであった。そして、子供の世代における日本国籍取得に関しても、柔軟な姿勢を見せていた。さらに、ニューカマーの子供に対する教育観は、韓国・日本にとらわれずクローバル化に対応できる人間に育てることにある。経済的難民でもないニューカマーが日本へ来たのは自分の能力を試すためであり、たまたまそこが日本であったということである。そして、日本を起点として世界を目指し、日本・韓国という限られた世界でなく、クローバルな世界に生きようとしている。このグローバルな視点が近い将来国民国家観を克服し、結果として、日本国籍取得に対するニューカマーのためらいがなくなるであろう。そして、特に二世の日本国籍取得への流れが加速化すると考えられる。

韓国語を話せ民族性を失っていないニューカマー二世の日本国籍取得は、大量の韓国系日本人を誕生させるだろう。そして、これは、韓国系少数民族の成立を意味し、日本社会における多文化社会の始まりを告げるものである。また、彼らの高学歴・経済力を考慮したとき、将来的に日本社会への高い貢献度が予想され、日本社会が多文化社会へ移行するうえでのモデルケースとなるであろう。さらに、オールドカマーがなし得なかった韓国と日本の架け橋の役割を果たすことも期待できる。まさに、ニューカマーは日本における「多文化社会の模範生」と言える。

インタビューから一年半たった今、「大久保は廃れた」と言う人がいる。確かにそうかもしれない。しかし、過去の賑わいがあまりにも異常であって、むしろ現在の状況が正常と言えるのではないだろうか。過去の賑わいと比較してしまうため「大久保は廃れた」のであって、今も週末はもちろんのこと平日においても客足が途絶えることはない。これは、大久保コリアンタウンが日本社会に着実に根を張ってきた証しと言える。

今後、「大久保コリアンタウン」の発展が、日本の多文化社会への一つのバロメーターとなるだろう。「多文化社会の模範生」である「大久保コリアンタウンの人たち」を日本社会が拒否することは、日本の多文化社会への道を閉ざすことに繋がる。日本の将来を考えても、決して「大久保コリアンタウン」の火を消してはならない。

最後に、アンケート調査とインタビュー掲載に応じてくださった方々に心からお礼申し上げると共に、本書を書き上げるに当たって、協力してくださった韓人会の事務局長劉宣鐘氏と盧敬淑氏の両氏に、心から感謝する次第である。そして、日韓関係が極度に悪化しているにも関わらず、本書を出版してくださった国書刊行会の代表佐藤今朝夫氏に心から感謝したい。

参考文献

愛媛新聞在日取材班『在日　日韓朝の狭間に生きる』愛媛新聞社、二〇〇四年
外国人人権法連絡会編『外国人・民族的マイノリティ人権白書二〇一〇』明石書店、二〇一〇年
エリン・エラン・チャン／阿部温子訳『在日外国人と市民権』明石書店、二〇一二年
奥田道大・田嶋淳子編著『新宿のアジア系外国人』めこん、一九九三年
小熊英二・姜尚中編『在日一世の記憶』集英社新書、二〇〇八年
菊池嘉晃『北朝鮮帰国事業』中公新書、二〇〇九年
坂中英徳他『北朝鮮帰国者問題の歴史と課題』新幹社、二〇〇九年
白井美友紀編『日本国籍を取りますか?』新幹社、二〇〇七年
新宿区新宿自治創造研究所編『研究所レポート二〇一〇　外国人WG報告（一）』二〇一一年三月
新宿区新宿自治創造研究所編『研究所レポート二〇一一　外国人WG報告（二）』二〇一一年十一月
新宿区新宿自治創造研究所編『研究所レポート二〇一一　外国人WG報告（三）』二〇一二年一月
田中宏『在日外国人　新版』岩波新書、一九九五年
田中宏・金敬得共編『日・韓「共生社会」の展望』新幹社、二〇〇六年

安田浩一『ネットと愛国』講談社、二〇一二年
金石範『「在日」の思想』筑摩書房、一九八一年
金時鐘『「在日」のはざまで』平凡社、二〇〇一年
金賛汀『韓国併合百年と「在日」』新潮社、二〇一〇年
金昌宣『在日朝鮮人の人権と植民地主義』社会評論社、二〇〇八年
朴正義『『三国遺事』檀君を根拠とする国民国家観の研究』언문사（韓国）、二〇一二年
高賛侑『ルポ在日外国人』集英社新書、二〇一〇年
徐京植・訳邢鎮義『歴史の証人　在日朝鮮人』반비（韓国）、二〇一二年
呉圭祥『ドキュメント　在日本朝鮮人連盟』岩波書店、二〇〇九年
尹健次『日本国民論』筑摩書房、一九九七年
鄭大均『在日韓国人の終焉』文春新書、二〇〇一年
韓光熙『わが朝鮮総連の罪と罰』文春文庫、二〇〇五年

【著者略歴】
朴 正義（パク ジョンウィ Park, Jung-Wei）
日本生まれ。東京大学大学院総合文化研究科にて博士学位取得（学術）。圓光大学（韓国）教授。韓国日本文化学会元会長。
著書に『日本神話思考』（圓光大学校出版局、1996 年）、『日本生活と文化』（J&C、2001年）、『日本社会と文化』（J&C、2003 年）、『日本大衆文化の理解』（J&C、2003 年）、『日本·日本人の理解』（図書出版、2011 年）、『『三国遺事』檀君を根拠とする国民国家観の研究』（人文社、2012 年）などがある（以上すべて韓国にて刊行）。

大久保《おおくぼ》コリアンタウンの人《ひと》たち

2014 年 10 月 15 日　初版第一刷　発行

著者　朴 正義

発行者　佐藤今朝夫
発行所　株式会社国書刊行会
〒174-0056 東京都板橋区志村 1-13-15
電話 03-5970-7421　ファックス 03-5970-7427
http://www.kokusho.co.jp

装幀　Nigg

印刷・製本　三松堂株式会社

ISBN978-4-336-05844-7

韓国擁護論

元NHK記者　一日市壮

「嫌韓」はメディアが煽り、国を挙げての騒ぎになっているようにも見えます。
「慰安婦」問題以前に、日本が韓国を侵略した事実を日本人は忘れてはなりません。元NHK記者が、日韓基本条約五十年を前に日本人に問いかけます。

一八三ページ
本体一五〇〇円＋税